対人援助職の
ための
個人情報
保護法

鳥飼 康二［著］
弁護士・産業カウンセラー

誠信書房

はじめに

　カウンセラー（対人援助職）の皆さんは，個人情報の重要性を理解しているものの，具体的にどんな点に注意したらよいのか，どんな取り組みをしたらよいのか，迷うこともあるのではないでしょうか。

　また，個人情報について書籍で勉強しようと思っても，法律の専門家向けに書いてあったり，大量のデータを扱う IT 企業向けに書いてあったりして，カウンセラー（対人援助職）の皆さんが気軽に学べる書籍はなかなか見つからないと思います。加えて，個人情報を扱う「個人情報保護法」は，身近な法律の中でも極めて難解な部類に入るため，勉強しようと取り組んでみても，続けることはなかなか困難です。

　そこで，カウンセラー（対人援助職）の皆さんに向けて，以下のコンセプトで本書を執筆いたしました。

- ◆難解かつ膨大な量の個人情報保護法について，カウンセラー（対人援助職）の皆さんが必要な部分に絞りました。
- ◆対話形式で，基本的な概念について，分かりやすく解説することを重視しました。
- ◆カウンセラー（対人援助職）の皆さんが知りたいこと，現場で悩むこと，疑問に思うことを意識して取り上げました。
- ◆プライバシーポリシーや秘密保持契約書のサンプルを提供し，皆さんの実践に役立つように工夫しました。

　本書が，皆さんのお役に立つことを願っています。

iv

【主な登場人物】

- **トリ弁護士**：カウンセラー（対人援助職）が疑問に思う「痒_{かゆ}いところ」を解説するのが趣味の弁護士。ドーナツが大好物。
- **寅山五郎**：開業3年目の心理カウンセラー。仕事帰りに立ち飲み屋で「おつかれセット」（1000円）を頼むのがストレス解消法。
- **牛川六実**…ソーシャルワーカーとして病院に勤務。カウンセラーの資格を持つ。夜中にジャンクフードを食べるのがストレス解消法。
- **熊猫なな**：SNS相談団体の相談員。昼寝がストレス解消法。

トリ弁護士

寅山五郎

牛川六実

熊猫なな

目　　次

第2章　個人情報保護法の応用──組織内対応 ── 75

第3章　個人情報とプライバシーの相違 ──── 104

第4章　個人情報保護法のまとめ ─────── 117

参考資料 ──────────────── 120

第1章　個人情報保護法の基本

1.　個人情報の時代変遷

個人情報保護法って何？

　心理カウンセラーの寅山さん
は，友人のトリ弁護士と久しぶ
りにカフェでお茶を飲んでいた
とき，最近よく耳にする「個人
情報」が話題になりました。仕
事上，気になっていた寅山さん
は，コーヒー代をおごるので，
個人情報について教えてほしい
と，トリ弁護士に頼みました。

(1)　個人情報とはどんなイメージ？

トリ　寅山さん，「個人情報」と聞いて，どんなイメージを抱きますか？

寅山　そうですね，「大事だということは分かるけど，具体的に何をした
　　　らよいか分からない」といったところでしょうか。

トリ　そういう方も多いと思いますね。

寅山　あと，「自分の個人情報は厳しく扱ってほしいけど，いざ自分が個
　　　人情報を管理する立場になると責任を問われそうなので，できれば関
　　　わりたくない」というイメージもありますね（汗）。

トリ　正直な感想ですね。全体的に明るいイメージではないですよね。

(2)　厳しくなる扱い

寅山　ところで，私は昭和生まれですが，昔は個人情報の扱いは"おおら

か"だったですよね。なぜ，だんだんと厳しくなったのでしょうか？

トリ いい視点ですね。私も昭和生まれですが，高校に入学した直後に，クラス名簿が配られたことを覚えています。そこには，生徒の氏名だけでなく，生年月日，住所，電話番号，親の職業も書いてありました。

寅山 親の職業！　今そんなものを記載したら大騒ぎになりますよね（汗）。

トリ まったくです。昔はそれくらい"おおらか"でした。今との違いは，「情報化社会の進化」です。平たく言うと，パソコンやスマホが普及したことです。

寅山 確かに，携帯電話もインターネットも無かった昭和の時代とは，大違いですね。

トリ 【Point!】

寅山 トリさん，急にどうしました?!

トリ 大事なことを説明するときは，【Point!】と叫んでから説明しますね。

寅山 はい，お気遣いありがとうございます（笑）。

トリ それでは【Point!】です。情報化社会の進化に伴い，大量の個人情報を収集したり，瞬時に解析したり，検索することが可能となりました。そのため，個人情報が脅かされやすくなったため，法規制が進んできたのです。

寅山 昔は個人情報を収集するのも紙ベースなので，簡単ではありませんし，解析や検索も手作業ですよね。それが今や，誰でも簡単に個人情報を扱えるようになりました。

トリ そのとおりです。たとえば，私の高校の例で言えば，昔は親の職業が記載された名簿が配られたところで，せいぜいクラス内で「あいつの親は○○だ」とネタになるくらいです。悪用しようにも，なかなか方法がありません。ところが，今では，名簿業者に利用されたり，SNSで晒されたり，本人の意思に反して簡単に個人情報が流通して

しまいます。

寅山　技術的に便利になった反面，危険も大きくなったため，規制を強化する必要があるのですね。

(3)　人権としての個人情報

トリ　ところで寅山さんは，個人情報やプライバシーは，憲法で守られる権利だと思いますか？

寅山　もちろんです。「プライバシー権」という人権を聞いたことがありますよ。

トリ　実は，日本国憲法には，「個人情報」「プライバシー」との文言はありません。

寅山　え！　そうなのですか?!

トリ　【Point!】憲法13条に「幸福追求権」という人権があるのですが，特に情報化社会の中では，「みだりにプライベートな事柄を暴かれないで，そっとしておいてもらうこと」や，「自分の個人情報は自分でコントロールできること」が，幸福に生きるために必要不可欠と考えられます。そのため，「幸福追求権」の派生として，「プライバシー権」「自己情報コントロール権」という人権が新しく概念化されるようになりました。

寅山　プライバシー権は何となくイメージできるのですが，「自己情報コントロール権（自分の個人情報は自分でコントロールできること）」とは，どういうイメージでしょうか？

トリ　たとえば，私の個人情報はAさんには伝えるけど，Bさんには伝えませんというふうに，誰に伝えるかを自ら選ぶ権利がある，ということです。カウンセリングでも，「このカウンセラーには自己開示したいけど，あっちのカウンセラーには自己開示したくない」という場面がありますよね。また，私の個人情報は○○という目的で利用してもいいけど，□□という目的では利用しないでくださいというふうに，個人情報の使い道を選ぶ権利も，自己情報コントロール権の内容で

す。

寅山 なるほど！ 勉強になりました。

トリ 特に，この自己情報コントロール権の考え方は，個人情報保護法の内容を理解するために役立ちますので，覚えておいてください。

2. 個人情報保護法の特徴

(1) 個人情報保護法とは

トリ 「個人情報保護法」という法律名は，聞いたことがありますよね？

寅山 その名前はよく耳にするのですが，具体的にどんな内容か分かりません。特徴を教えてもらえますか？

トリ 【Point!】個人情報保護法は，正式名称は「個人情報の保護に関する法律」と言います。2003年に公布された新しい法律です。2015年と2020年に比較的大きな改正があり，今後も法改正が予想されますので，油断していると置いていかれます。2020年改正は，2022年4月から施行がスタートしています。

寅山 情報化社会の移り変わりに沿って，法律も改正されているのですね。

トリ なお，個人情報保護法は，全部で180の条文があります。

寅山 180もあるのですか?!

トリ でも，条文の中にはIT企業や広告企業向けの内容も含まれているので，カウンセラーの皆さんがすべて理解する必要はありませんよ。

寅山 安心しました。

トリ 個人情報保護法の条文は，六法全書を買わなくても見ることができます。「e-Gov」という法令検索サイト*1で，「個人情報保護法」と検索すると，誰でも無料で全条文を見ることができますよ。

寅山 法律の条文はネットで簡単に見られるのですね！ スマホで見てみ

＊1　https://elaws.e-gov.go.jp/

ようかな。

|トリ|　是非とも見てみてください。実は，**個人情報保護法は，身近な法律の中で最も難解な部類なのです。**

|寅山|　え！　やっぱり止めておこうかな・・・

|トリ|　どれほど難解かは，おいおい説明しますね。では，簡単な○×クイズをやってみましょう。

> ・・・ **トリさんのクイズタ～イム‼** ・・・・・・・・・・・
>
> Q1　個人情報保護法の規制は，すべての人・法人
> 　　　に適用される？
> Q2　個人情報とは，個人に関するプライベートな
> 　　　情報である？
> Q3　個人情報を第三者に提供する場合，必ず本人
> 　　　の同意が必要である？

|寅山|　Q1は・・・○でしょうか？

|トリ|　正解は×です。

|寅山|　え！　すべてに適用しないと意味ないのでは？

|トリ|　理由は後ほど詳しく説明しますね。Q2 はどうでしょうか？

|寅山|　うーん・・・○でしょうか？

|トリ|　正解は×です。

|寅山|　またまたハズレました（涙）。えーい，Q3 は×です！

|トリ|　正解です。さては寅山さん，当てずっぽうで答えていますね！

|寅山|　バレましたか？「すべて」とか「必ず」が付いたら×かなと思いまして。

|トリ|　いい勘ですね。法律は，「**原則・例外**」という作りになっていることが多く，個人情報保護法も「**原則・例外**」が多く出てきます。

(2)　ガイドライン

[寅山]　個人情報保護法を勉強するには，どうしたらよいのですか？

[トリ]　個人情報保護委員会という政府機関が，WEB 上で，「個人情報の保護に関する法律についてのガイドライン」通則編〔令和 3 年 10 月改正版〕を公開していますので，参考にしてみてください。

[寅山]　政府が作成したのであれば，いわば「公式攻略本」ですね！

[トリ]　**【Point!】このガイドラインの 1 頁に，「本ガイドラインの中で，「しなければならない」及び「してはならない」と記述している事項については，これらに従わなかった場合，法違反と判断される可能性がある」と記載されていますので，実務上も重視すべき資料となります。**そのほか，カウンセラーの皆さんが参考になりそうなガイドライン・ガイダンスをまとめて，メールで送りますね。WEB で検索すると，PDF を入手できますよ。

[寅山]　助かります！　また定期的に個人情報について相談させてください。

[トリ]　もちろん OK ですよ，ドーナツをご馳走していただければ！

◆資料──厚生労働省・個人情報保護委員会によるガイドライン・ガイダンス

・「個人情報の保護に関する法律についてのガイドライン」通則編〔令和 3 年 10 月改正版〕⇒**本書では「通則ガイドライン」と略称**

・「個人情報の保護に関する法律についてのガイドライン」に関する Q & A〔令和 4 年 5 月 26 日更新〕⇒**本書では「通則 QA」と略称**

・「医療・介護関係事業者における個人情報の適切な取扱いのためのガイダンス」〔令和 4 年 3 月改正版〕⇒**本書では「医療ガイダンス」と略称**

・「医療・介護関係事業者における個人情報の適切な取扱いのためのガイダンス」に関する Q & A（事例集）〔令和 2 年 10 月改正

版〕⇒本書では「医療ガイダンス QA」と略称

3. 個人情報とは

どこまでが個人情報？

　寅山さんはカウンセリングの初回面接の際，「カウンセリングシート」をクライアントへ渡して，氏名，生年月日，住所，電話番号，メールアドレス，職業，気になっている症状，病歴を任意で記載してもらっています。

　先日，トリ弁護士から個人情報の話を聞き，寅山さんはこの機会に個人情報の扱いを見直そうと考え始めました。その過程で寅山さんは，「そういえば，そもそも，どこまでが個人情報なの？」と疑問を持ち，トリ弁護士へ相談することにしました。

(1)　定　義

寅山　個人情報というと，個人に関するすべての情報というイメージがありますが，先日のクイズでは×でしたよね。

トリ　はい，個人情報保護法には，さまざまな定義があります。そこで，まず，定義に該当するかどうかを確認する必要がありますが，実はこれが難しいのです。たとえば，個人情報保護法は，次のように「個人情報」を定義しています。

─── 条　文 ───

◎個人情報保護法2条1項

　この法律において「個人情報」とは，生存する個人に関する情報であって，次の各号のいずれかに該当するものをいう。

①当該情報に含まれる氏名，生年月日その他の記述等（文書，図画若しくは電磁的記録（電磁的方式（電子的方式，磁気的方式その他人の知覚によっては認識することができない方式をいう。次項第2号において同じ。）で作られる記録をいう。第18条第2項において同じ。）に記載され，若しくは記録され，又は音声，動作その他の方法を用いて表された一切の事項（個人識別符号を除く。）をいう。以下同じ。）により特定の個人を識別することができるもの（他の情報と容易に照合することができ，それにより特定の個人を識別することができることとなるものを含む。）

②個人識別符号が含まれるもの

───────────────────

寅山　トリさん，何ですかこれは?!　カッコが何重にも続いて意味が分かりません・・・ちょっと目眩（めまい）がしてきましたし，お腹も痛くなってきました（汗）。

トリ　最初っからこれですから，個人情報保護法がいかに難解か，分かっていただけたでしょう。

寅山　これが180もあるのですよね・・・。

トリ　はい。ですが，条文をそのまま解説し続けると寅山さんは帰ってしまうでしょうし，読者の皆さんも体調が悪くなるでしょうから，カウンセラーとして必要な部分だけを効率良く理解できるようにかみ砕いて，イメージしやすいように説明しますよ！

寅山　ぜひ，お願いします（涙）。

トリ　【Point!】個人情報の定義のポイントは，以下の5つです。

　　①生きている個人の情報であること。

②特定の個人が識別できる情報であること。

③それだけでは個人が識別できなくても，他の情報と合体させると容易に個人が識別できる情報であること。

④公開されている情報も含まれる。

⑤個人識別符号（マイナンバー，顔認証，指紋など）も含まれる。

寅山 ややこしいですね（汗）。一つ一つ説明をお願いします。

トリ 長くなるので，メールで「解説」として送りますね。しばらくコーヒーでも飲んで，待っていてください。

■解説──個人情報の定義のポイント

①生きている個人の情報とは

* 生きている個人の情報とは，亡くなった人や，会社などの法人の情報は除く，ということです。

* 亡くなった人や会社の情報が個人情報ではないということは，個人情報保護法の対象外になるということです。ただ，故人の情報であっても正当な理由なく乱雑に扱えば，遺族に対して慰謝料を支払う義務[2]を負うことも考えられますし，法人の情報であっても同じく正当な理由なく乱雑に扱えば，信用棄損として損害賠償義務[3]を負うことも考えられます。

* ちなみに医療分野では，亡くなった方の個人情報は，遺族から開示請求があれば応じなければならないとされています[4]。カウンセリングの分野でも参考になります（詳しくは本章10.(8)）。

②特定の個人が識別できる情報とは

* 最も代表的なものは，氏名（フルネーム）です。

* ありふれた氏名で同姓同名の人がいる場合，厳密には特定の個人が識別できると言えませんが，個人情報保護法の解釈[5]ではそこまで厳し

---

*2 民法709条の不法行為責任。
*3 同上。
*4 「医療ガイダンス」の4頁参照。

くなく，氏名は「特定の個人が識別できる情報」とされています。

* 氏名以外では，たとえば防犯カメラに，首から下げている入館証（身分証明書）などの氏名が書いてあるものが映っていれば，映像データも「特定の個人が識別できる情報」になります。

* 録音データも，氏名を名乗っている音声が録音されていれば，「特定の個人が識別できる情報」になります。そのため，カウンセリングで逐語記録を作成するときに録音や録画させてもらう場合も，個人情報保護法が関係してくることになります。

* メールアドレスも，「特定の個人が識別できる情報」になる場合があります[6]。寅山さんが仕事で使っているアドレス（goro.torayama@tiger-counseling.com[7]）を例にすると，「ゴロウ・トラヤマ」というカウンセラーは寅山さんしかいなければ，アドレスだけで特定の個人が識別できることになります。

③他の情報と合体させると容易に個人が識別できる情報とは

* 氏名自体が「特定の個人が識別できる情報」ですから，氏名と合体させると，その他の情報も芋づる式に個人情報に当たる，ということになります。

* 生年月日や電話番号は，それだけでは「特定の個人が識別できる情報」ではありませんが，会社内で顧客の氏名，生年月日，住所，電話番号，購入履歴，WEB登録のアカウントなどの情報を管理している場合は，すべて個人情報に当たることになります。

* 氏名以外の情報の組み合わせでも，個人情報に当たる場合があります。たとえば，私はオカメインコ法律事務所という事務所を一人で経営していますので，「職業：弁護士」と「勤務先：オカメインコ法律事務所[7]」との組み合わせでネット検索をすると，そのような人物は私しかヒットしませんから，「容易に特定の個人が識別できる」ことになります。

---

* 5 「通則QA」のQ1-2参照。
* 6 「通則QA」のQ1-4参照。
* 7 寅山さんのメールアドレスも，オカメインコ法律事務所も，実際には存在しません。

* 一方，「職業：カウンセラー」と「勤務地：東京都新宿区」との組み合わせでは，該当する人はたくさんいますので，「容易に特定の個人が識別できる」ことにはなりません。

④公開されている情報とは

* 不動産や会社の登記簿は誰でも閲覧できる公の情報ですが，不動産登記には所有権者，会社の登記には「代表取締役」など，特定の個人が識別できる情報が記載されているので，個人情報となります。

* 今はあまり使われていない電話帳も，同じように公の情報ですが，個人情報になります。

* 最も身近なところでは，WEB や SNS 上で公開されている情報も，氏名など特定の個人が識別できるならば個人情報となります[8]。

⑤個人識別符号とは

* 個人識別符号[9]とは，個人識別が可能になる特殊な情報で，大きく2種類（公的に付与された記号，生体認証）あります。

* 公的に付与された記号とは，マイナンバー，パスポート番号，運転免許証番号，基礎年金番号，健康保険番号などです。

* 生体認証は，DNA 塩基配列，顔認証，指紋認証，声紋認証，虹彩認証，歩行認証などです。

寅山　解説ありがとうございます！　③の氏名以外の組み合わせですが，トリさんは一人で法律事務所を営んでいますし，オカメインコ法律事務所という事務所はトリさんの事務所しか存在しないから，職業と勤務先の組み合わせで個人が識別できるのですね。そして，トリさんは事務所のホームページを公開しているから，"容易に"識別できるというわけですね。

トリ　はい，そのとおりです。

---

* 8　「通則 QA」の Q1-5 参照。
* 9　「通則ガイドライン」の9〜10頁参照。

寅山　あと，④の公開されている情報が個人情報になるというのが，ちょっとピンとこないのですが。自分から情報をオープンにしているのだから，自由に使ってくださいと言っているようにも思えるのですが・・・。

トリ　そう考えてしまうのは無理もありませんが，おそらく「プライバシー」と「個人情報」がごっちゃになっているからだと思います。

寅山　え？「プライバシー」と「個人情報」って，同じ概念ではないのですか？

トリ　似ているけど異なる概念です。ただ，説明すると長くなるので，またの機会（第3章参照）にしましょう。ここでは，「公開されている情報も含まれる」と覚えておいてください。

寅山　そうですね。難しい話を一度に聞いても頭がパンクしてしまうので，またの機会にお願いします。

(2)　カウンセラーが扱いそうな個人情報

トリ　それでは，カウンセラーの皆さんが扱いそうな個人情報を整理しますね。

　　　【Point!】皆さんが扱いそうな個人情報
　　　・クライアントに記入してもらったカウンセリングシートの内容
　　　・カウンセラー用の手控えメモ（カルテ）
　　　・クライアントに実施した心理テストの結果
　　　・クライアントとのメール記録
　　　・WEB上の予約システム記録
　　　・講師を務める講演会で提出してもらった記名アンケート

寅山　メモしますので，もう一度言ってください！

トリ　ざっくり言うと，クライアントの氏名と一緒に管理してある情報は，すべて個人情報と考えてください。この「個人情報の定義」でつまずくと，後の理解が難しくなりますので，もう一度，例を用いて説明しますね。

寅山　はい，ぜひお願いします。

トリ　もし，寅山さんが私にカウンセリングを行うとして，事前に情報を集めておこうと思ったら，どうしますか？

寅山　そうですね，トリさんの事務所のホームページを見て，情報収集しますね。

トリ　それでは，私の事務所のホームページを見ながら，カルテを作ってもらえますか？

寅山　えーと，ちょっと待ってください。

> 氏名：トリ　コウジ
> 職業：弁護士
> 出身：千葉県柏市（千葉の渋谷）
> 趣味：マラソン

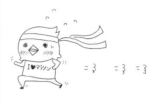

トリ　それでは，もし「出身：千葉県柏市」という情報だけだったら，これは個人情報ですか？

寅山　いいえ，千葉県柏市出身の人は，おそらく何十万人もいるでしょうから，この情報だけでは特定の個人を識別できないですよね。

トリ　そのとおりです。「趣味はマラソン」はどうですか？

寅山　これも同じく，マラソンが趣味の人はおそらく何百万人もいるでしょうから，この情報だけでは特定の個人を識別できないですよね。

トリ　そのとおりです。それでは，寅山さんから見た，私の性格，嗜好，抱えていそうな悩み（見立て）を，直感でかまわないのでサッと書いてみてください。私が見ていると書きにくいでしょうから，私は向こうでドーナツを食べていますね。

> 氏名：トリ　コウジ
> 職業：弁護士
> 出身：千葉県柏市（千葉の渋谷）

> 趣味：マラソン
>
> 嗜好（好きな食べ物）：ドーナツ
>
> 性格：人に教えるのが好き
>
> 悩み（見立て）：本が売れるかどうか心配している

[寅山] トリさん，できました！

[トリ] どれどれ。あっ，私の悩み，よく分かりましたね！

(3) 個人情報は「事実」だけではなく「評価」も含まれる

[寅山] 以前，トリさんがポロっと不安を漏らしてたので，それを思い出しました。ところで，これは私の見立て（主観的な評価）ですよね。このような評価も，個人情報に当たるのでしょうか？

[トリ] **【Point!】個人情報には，「事実」と「評価」の両方が含まれます。さまざまな情報は，大きく二つに分けることができます。一つは，生年月日や出身地などの「事実」です。もう一つは，事実に基づく「評価」です。カウンセリングの「見立て」は，まさに「評価」に当たりますね。**

[寅山] 「趣味」や「嗜好」はどっちに当たるのでしょうか？

[トリ] よい質問です！「趣味」や「嗜好」は定義が難しいので（たとえば，年に1回しかマラソンをしなくても，本人が趣味と言えば趣味です），「評価」の一種と言えるでしょう。「性格」も，性格テストの結果は「事実」ですが，それを文章で表すと「評価」になりますよね。いずれにせよ，個人情報には「事実」と「評価」の両方が含まれますので，この区別にあまりこだわる必要はありませんよ[10]。

[寅山] なるほど。カウンセラーがカルテに記載する内容は，すべて個人情報と考えればよいのですね。

[トリ] はい。カルテの内容は次々と書き加えていくものですが，後から書

---

[10] カルテの「見立て」「評価」の部分は，それを記載した医師やカウンセラー自身の個人情報という見方もできます（「医療ガイダンス」の7頁参照）。

き加えられた内容も，すでに書いてある内容と一体として，個人情報
となります。

寅山　そういえば，病院で扱うような個人情報は，特別な扱いが必要だと
　　　聞いたことがありますが，カウンセリングの場合も同じでしょうか？

トリ　それは「要配慮個人情報」のことですね。ただ，これの説明は，利
　　　用目的や第三者提供といった個人情報保護法の制度を説明した後のほ
　　　うが分かりやすいので，また今度の機会にしますね。

寅山　はい。今日は個人情報の定義を理解するので頭がいっぱいなので，
　　　そのほうが助かります！

トリ　【Point!】日本語のイメージの「個人情報」と，個人情報保護法が
　　　定義する「個人情報」は，似て非なるものということを覚えておいて
　　　ください。

4. 個人情報取扱事業者とは

個人情報取扱事業者って誰？

　寅山さんのお母さんは英語
が得意で，こじんまりと生徒
10人相手に，英会話教室を開
いています。お母さんはアナ
ログ虎のため，パソコンやス
マホは使っていません。

　先日，実家に帰省した寅山
さんは，「母さん，母さん。
個人情報保護法って法律があるんだから，生徒さんの個人情報をきちんと管
理しなきゃだめだよ！」と，ドヤ顔で忠告しました。

　その矢先，お母さんは，ある生徒が提出したテスト（点数が良くない）
を，間違って他の生徒に渡してしまいました。

(1) 個人情報保護法が適用される対象者

寅山 トリさん！ トリさん‼ うちの母親が大変なことをしてしまいました（涙）。

トリ 一体どうしたのですか？

寅山 うちの母親，英会話教室を開いているのですが，生徒さんのテストを，間違って他の生徒さんに渡してしまったらしいのです。これって，個人情報保護法の観点から問題ですよね?!

トリ それは，お母さんが「個人情報取扱事業者」に当たるかどうかによりますね。

寅山 えっ？ 個人情報保護法はすべての人に適用されるのではないのですか？

トリ **【Point!】個人情報保護法は，すべての人に適用されません。重要な規定は「個人情報取扱事業者」に対して適用されます**[*11]。

寅山 また難しい定義が・・・分かりやすく説明をお願いします。

(2) 個人情報取扱事業者の定義

トリ 個人情報保護法では，「個人情報取扱事業者」を，次のように定義しています。

── 条　文 ──────────────────────

◎個人情報保護法 16 条 2 項

　個人情報取扱事業者とは，個人情報データベース等を事業の用に供している者をいう。ただし，次に掲げる者を除く。

一　国の機関

二　地方公共団体

三　独立行政法人等

───────────────

* 11　個人情報保護法 16 条 2 項。

四　地方独立行政法人

寅山　ちょっと意味が分かりませんので，嚙み砕いて説明をお願いします。

トリ　では，まず「事業の用に供している者」の部分を説明しますね。これは，個人や法人，そして法人ではない団体も含まれます。

寅山　あれ？　そういえばこの前，個人情報には法人は含まれないと教わったような・・・。

トリ　それは「個人情報」の定義ですね。今回は，「個人情報を扱う側の」定義です。

寅山　考えてみたらそうですね。会社（法人）のほうが大量の情報を扱うから，法人に個人情報保護法を適用させないと意味がないですよね。

トリ　**【Point!】このときの事業は，営利，非営利を問いません。そのため，株式会社はもちろんですが，NPO 法人，一般社団法人，医療法人なども含まれます。**

寅山　先ほど言われた「法人ではない団体」とは，たとえばどんな団体ですか？

トリ　何らかの目的を持った人の集まりで，継続的に存在する団体です[*12]。身近なところでは，町内会，同窓会，PTA，マンション管理組合[*13] ですね。

寅山　なるほど，そういう団体も個人情報をたくさん扱うことがありますね。

トリ　次に「個人情報データベース等」ですが，特定の個人情報を電子計算機で検索できるように体系的に構成したもの，平たく言うと，パソコンでデータベースを使っていることです。

寅山　単にパソコンやスマホを使っているだけではなく，データベースを

[*12]　「通則 QA」の Q1-54 参照。
[*13]　大きなマンションでは，管理組合が法人になっていることもあります。

使っていることが必要なのですね。

トリ 【Point!】表計算ソフトで，顧客や従業員の個人情報を入力して整理している場合が典型例です[*14]。ほかにも，メールソフトでアドレス帳を利用していたり，スマホの電話帳に顧客を登録していたり，名刺アプリを使っていたりすれば，「個人情報のデータベース等」を使っていることになります。

寅山 最後に「等」が付くのはなぜですか？

トリ 法律用語や行政用語では，複数の概念を含ませるために末尾に「等」を付けることがありますが，今回はあまり気にしなくてよいですよ。

寅山 それでは，パソコンやスマホを使っていない，うちの母親のような人はどうなりますか？

トリ 紙しか使っていなくても，個人情報が記載されたファイルを，五十音順インデックスを付けて整理していれば，「個人情報データベース等」に当たります。

寅山 パソコンや紙を使っていることが決め手ではないのですね。

トリ 【Point!】イメージで言うと，個人情報をピシッと整理して，簡単に取り出せるように管理していることが決め手です。キーワードは，「体系的」と「検索可能」ですね。

寅山 私の知り合いの象木さんは，机の上に書類が山積みになっていて，名刺も引き出しに乱雑にしまっているのですが，本人曰く，どこに何があるか分かっているから簡単に取り出せるそうです。このような場合も「個人情報データベース等」に当たるのですか？

トリ それではダメですね（笑）。本人だけの職人技で取り出せるのではなく，「体系的に検索可能な状態」，つまり他人が容易に取り出せるようになっていなければ，「個人情報データベース等」とは言えません。

寅山 確かにそうですよね。あんなのでデータベースと言われても困ります。ところで，このデータベースというのは，自前で作ったものだけ

[*14] 従業員に関する個人情報データベースしか利用していなくても，個人情報取扱事業者に該当します（「通則Q A」のQ 1-52 参照）。

なのですか？

トリ　いい質問ですね！　たとえば，電話帳には個人情報が含まれていますが，仕事で電話帳を使っているだけでは，「個人情報取扱事業者」には該当しないとされています[*15]。ほかにも，住宅地図，職員録，カーナビを仕事で使っていても，「個人情報取扱事業者」には該当しません。

寅山　なるほど，分かりました。ところで，個人情報が書かれているファイルを，単にパソコン内のフォルダに保存している場合はどうなりますか？

トリ　それは，「**体系的に検索可能な状態**」ではないので，「**個人情報データベース等**」には当たりませんね。同じように，**個人が識別できる動画（＝個人情報）を単にスマホに保存しているだけでは，「個人情報データベース等」には当たりません**。

寅山　個人情報を扱っていても，必ずしも「個人情報データベース等」を扱っていることにならず，「個人情報取扱事業者」にも当たらず，個人情報保護法の適用を受けない場合がある，ということですね。なんだかややこしいです（汗）。

トリ　個人情報取扱事業者でなくても個人情報保護法の適用を受ける項目はありますが，重要な項目は，個人情報取扱事業者が受けることになります。それについては，おいおい説明しますね。

寅山　そうすると私の母親は，生徒さん 10 名の個人情報を体系的に検索可能な状態で管理していないので，個人情報取扱事業者ではない。したがって，個人情報保護法の重要項目の適用を受けない，ということですよね？　それでは，生徒さんのテストを誤って他の生徒さんに渡してしまった点は，どうなるのですか？

トリ　それは，プライバシー侵害という観点から問題となります。プライバシーの説明は長くなるので，またの機会にしますね。

＊15　「通則ガイドライン」の 17 頁参照。

寅山　今日は個人情報取扱事業者を理解するのでお腹がいっぱいなので，そのほうが助かります！

(3)　私生活の場面

寅山　最後にひとつ質問があります！

トリ　はい，なんでしょうか？

寅山　私は表計算ソフトでクライアントの個人情報を整理して管理しているので，「個人情報取扱事業者」に当たりますよね。ただ，仕事を離れて私生活の場面で個人情報を扱うときも，「個人情報取扱事業者」として個人情報保護法の重要項目が適用されるのでしょうか？

トリ　【Point!】非常に鋭い質問ですね。「個人情報取扱事業者」は，あくまで「事業者」として，個人情報データベース等を利用している場合です[*16]。同一人物であっても，仕事の場面では個人情報保護法の適用を受けて，私生活の場面では個人情報保護法の適用を受けない，ということです。たとえば，私生活の場面でスマホを使っているだけでは，たとえ家族や友人の連絡先や画像といった個人情報を体系的に検索可能な状態で管理していたとしても，「個人情報取扱事業者」には当たらない，ということになります[*17]。

寅山　良かったです。私生活の場面でも個人情報保護法のことが頭をよぎると，落ち着きませんから（汗）。

トリ　ただ，先ほども言いましたように，私生活の場面であってもプライバシーを侵害してはいけない，という一般的な義務は負いますので，何をしてもよいというわけではありませんよ。

寅山　前回と今回で，個人情報と個人情報取扱事業者について教えてもらいましたが，まだまだ序盤なのですよね？（汗）

トリ　はい，まだ第1コーナーを周ったあたりですね。定義はややこしいですが，カウンセラーの皆さんは，扱う情報は原則として個人情報に

＊16　「通則QA」のQ1-37参照。
＊17　「通則QA」のQ1-41参照。

該当する，自分は個人情報取扱事業者に該当する，と考えて普段から慎重に行動したほうが無難です。もし何かトラブルが発生したときは，例外規定の適用がないかを検討するとよいでしょう。

寅山 はい！ またドーナツをご馳走するので，教えてください！

5. 利用目的

個人情報を勝手に使うと・・・

寅山さんは初回面接の際に，クライアントに「カウンセリングシート」を渡して，住所，氏名，電話番号などを記入してもらっています。

さて，このたび寅山さんのお母さんが，趣味の俳句で個展を開くことになりました。寅山さんは自分のクライアントに個展の案内ハガキを出して，親孝行しようと考えました。

(1) 利用目的の通知公表義務

トリ 寅山さん！ これはマズイですよ，問題があります。

寅山 え？ 今更ながら親孝行をしようとしていることですか？ 遅すぎますか？（汗）

トリ いいえ，そこではありませんよ。クライアントの個人情報の使い道です。

寅山 え？ 何か変な使い道をしてしまったかな・・・。

トリ 寅山さんはクライアントから個人情報を取得[18]するときに，利用目的を告げていますか？

寅山 利用目的ですか？ いや，「カウンセラーには守秘義務があります

---

[18] 単に個人情報が記載されている紙や WEB サイトを見ただけ（閲覧しただけ）では，「取得」になりません（「通則ガイドライン」の 47 頁参照）。

のでご安心ください」とは，必ず言うようにしていますけど・・・。

トリ 寅山さんは「個人情報取扱事業者」ですので，個人情報保護法のさまざまな重要規定が適用されます。その一つが，利用目的に関する規定です。

寅山 そうだったんですか・・・特に意識したことはありませんでした（汗）。

トリ 【Point!】現実には，利用目的を意識せず個人情報が取得されることがあります。しかし，個人情報取扱事業者は，個人情報を取得するときの事前または事後（速やかに），利用目的を通知または公表しなければなりません[19]。

寅山 通知というと，たとえばどのような方法でしょうか？

トリ 「利用目的は○○です」と口頭で告げてもかまいませんし[20]，利用目的を記載した文書を渡しても，メールで送ってもかまいません。

寅山 なるほど。公表とはどのような方法でしょうか？

トリ 「公表」とはいつでも見られる状態に置くことですので，たとえば，カウンセリングルーム内の目立つところに，利用目的を記載した文書を掲示することが考えられます。最もポピュラーな方法は，WEB上に掲載することですね。ただし，WEBを見てもどこに書いてあるか分からないような場所ではなく，ワンクリックで移動できるくらいの見つけやすい場所に掲示しなければなりません[21]。

寅山 よくWEBの一番下の箇所に，「個人情報の扱いについて」とか「プライバシーポリシー」と書いてあるのが，それに当たりますか？

トリ そうですね。「利用目的」という単独のページではなく，「プライバシーポリシー」の中に書いてあることが多いです。今日のテーマは「利用目的」なので，プライバシーポリシーについては，またの機会に詳しく説明しますね。

---

*19 個人情報保護法21条1項。
*20 自動音声でも通知したことになります（「通則ガイドライン」の26頁参照）。
*21 「通則ガイドライン」の27頁参照。

寅山　はい，ぜひお願いします。

トリ　今説明したのは，個人情報を取得するときの利用目的を示す方法として，「事前」または「事後」，「通知」または「公表」と，複数の方法があるということです。ところが，実にややこしいのですが，**本人から積極的に個人情報を記入・提出してもらうときは，事前に利用目的を明示しなければなりません**[*22]。

寅山　すみません，違いがよく分かりません（汗）。

トリ　カウンセリングの場合で説明しますね。カウンセリングの初回面談の際，①カウンセリングシートを渡して，クライアント自ら記入してもらう方法，②カウンセラーがクライアントへ質問して，その回答をカウンセラーがカウンセリングシートに書き取る方法，があると思います。

寅山　私は①の方法ですね。

トリ　そのほうが多いですかね。①の方法だと，先ほど説明した「本人から積極的に個人情報を記入・提出してもらうとき」に当たるので，事前に利用目的を明示しなければなりません。たとえば，カウンセリングシートの裏面に利用目的を記載しておき，クライアントへ「裏面をご参照ください」と告げるなどですね[*23]。

寅山　そうだったのですか。私は何もしていません（汗）。

トリ　実際にはそういうケースも多いでしょうね。次に，②の方法だと，【Point!】で説明したように，「事前または事後（速やかに），利用目的を通知または公表」しなければなりません。一番簡単な方法は，WEB 上にあらかじめ掲示しておくことです。

寅山　それでは，WEB のプライバシーポリシーに，「利用目的：当ルーム

＊22　個人情報保護法 21 条 2 項。

＊23　ネットワーク上において個人情報を取得する場合は，本人が送信ボタンをクリックする前にその利用目的が本人の目に留まる措置（利用目的の内容が示された画面に，1 回程度の操作でページ遷移するよう設定したリンクやボタンを含む）を講じることが望ましいとされています（『通則ガイドライン』の 50 頁参照）。

の営業活動全般のため」とか，「利用目的：当ルームが営業上必要と
考える目的」と掲示しておけばいいのですね！

(2) 利用目的の具体化義務

トリ 【Point!】残念ですが，そのようにザックリと利用目的を掲げるこ
とはできません。利用目的は，できる限り具体的でなければならない
と定められているのです[*24]。

寅山 う〜ん，そうは問屋が卸さないわけですか・・・。

トリ はい。たとえば，「当社の○○事業における商品の発送，関連する
アフターサービス，新商品・サービスに関する情報のお知らせのた
め」などと，何に利用されるのか具体的にイメージできなければなり
ません。言い換えれば，本人が，自らの個人情報がどのように取り扱
われることとなるか，利用目的から合理的に予測・想定できなければ
なりません[*25]。

(3) カウンセラーの利用目的

寅山 具体的にイメージ・・・う〜ん・・・カウンセラーの場合，利用
目的はどのように設定したらよいのでしょうか？

トリ えーっと，口頭で一気に説明してもいいのですが，結構長くなりま
すよ？

寅山 それだと覚えきれないし，メモも大変そうなので，チャットで送っ
てもらえますか？

トリ いいですよ。それではドーナツ食べて休憩しながら送りますね。

■個人情報の利用目的記載例

＊ 当カウンセリングルーム（以下「当ルーム」）のカウンセラーが，クラ
イアント様へ実施するカウンセリングのため。

＊24 個人情報保護法 17 条 1 項。
＊25 「通則ガイドライン」の 31 頁参照。

* クライアント様からの連絡，問い合わせへの回答のため。
* クライアント様の症状改善のため，他の心理職，医療機関等と連携する場合。
* クライアント様の症状改善のため，他の心理職，医療機関等からの照会へ回答する場合。
* 当ルームで実施した心理検査の結果解析等を，外部業者へ委託する場合。
* 事業者様等から委託を受けてストレスチェック等を行い，その結果を事業者様等へ通知する場合。
* 当ルームのカウンセリングサービスの維持・改善のための基礎資料。
* 個人情報を統計的に処理して集約し，調査結果として公表するため。
* 当ルーム内部において行われる症例研究のため。
* 当ルームが実施する新サービスの紹介のため。
* 賠償責任保険等に関して，保険会社等へ相談または届け出る場合。

寅山　ありがとうございます！　で，これは全部書かなければならないのですか？

トリ　【Point!】カウンセラーの皆さんが利用しそうな目的を，広めに想定して挙げてみましたので，必ずしも全部書く必要はありませんよ。皆さん自身の活動に照らして，取捨選択してください。あまり多くの利用目的が掲げてあると，クライアントも「こんなに多く利用されてしまうの？」と不安になるかもしれません。ただ，最初の「当ルームのカウンセラーが，クライアント様へ実施するカウンセリングのため」というのは，当たり前のことですが，念のため記したほうが良いでしょうね。

寅山　わざわざ「クライアント様からの連絡，問い合わせに対する回答のため」と書くのも，念のためですか？

トリ　はい。クライアントから，住所，電話番号，メールアドレスなどの

連絡先という個人情報を取得する場合，「問い合わせに対する回答のため」というのは当たり前のことですが，念のため記しています。一方，「当ルームが実施する新サービスの紹介のため」というのは，必ずしも当たり前のことではないので，そういった宣伝目的にも使わせてもらいますよ，と明記しています。

寅山　なるほど。当たり前のことも念のため記して，当たり前ではないことも明記する，ということですね。

トリ　カウンセラーの皆さんは比較的，医療分野に近いと思いますので，厚生労働省がサンプルとして示している医療機関向けの利用目的[*26]を，後ほど「参考資料」としてメールで送っておきますね。

寅山　ありがとうございます！　利用目的を自分流にアレンジしてみますので，トリさん，今度チェックをお願いします!!

（4）　利用目的外の利用禁止

トリ　**【Point!】利用目的は，最初にきっちり作っておく必要があります。なぜなら，個人情報取扱事業者は，利用目的を超えて個人情報を利用できないからです**[*27]。

寅山　だから，最初に設定した利用目的が大事なのですね！　どうしても，利用目的を超えて個人情報を利用したい場合は，どうしたらよいのですか？

トリ　まず，本人が個別に同意すれば利用できます。ただ，対象者が多すぎて個別に同意を取るのが難しい場合もありますよね。そのような場合は，最初に設定した利用目的と**「関連ある範囲内」であれば，同意がなくても，利用目的を追加したり変更したりできます**。同意の代わりに，利用目的を変更したことを本人へ通知または公表しなければなりませんが[*28]，WEB上で掲示するのが最も簡便でしょう。

＊26　「医療ガイダンス」の84頁参照。
＊27　個人情報保護法18条1項。
＊28　個人情報保護法17条2項。

寅山　この「関連ある範囲内」とは，どんな範囲でしょうか？

トリ　たとえば，最初に「当ルームが実施する新サービスの紹介のため」と，利用目的を設定したとします。新サービスの紹介のために，クライアント側にダイレクトメールが届く，ということです。これに，「当ルームが実施する講演会の紹介のため」と付け加える場合は，「関連ある範囲内」に含まれます。新サービスと講演会は厳密には異なるものですが，同じカウンセリングルームからの新サービスの紹介がOKであれば，講演会の紹介もOKと，クライアント側が考えても不自然ではないですよね。

寅山　そうですね。クライアント側からすれば特に問題ないと思います。

トリ　一方，「当ルームが連携する他団体の新サービスの紹介のため」と付け加える場合はどうでしょうか？

寅山　う〜ん，クライアント側からすれば，他団体の紹介までOKとは考えないですよね。

トリ　そのとおりです。**クライアントの立場で考えると，他団体からのダイレクトメールが届くことまでは予想していません。**そのため「関連ある範囲内」には含まれない，ということになります。どうしても利用目的を追加したければ，個別の同意を改めて取ることになります。

寅山　トリさんが【Point!】で，「利用目的は，最初にきっちり作っておく必要があります」と言われた意味が分かりました。

(5)　利用目的を通知公表しなくてもよい場合（例外規定）

トリ　ちなみに，次の場合には，利用目的を通知しなくてもよいことになっています。

── 条　文 ──

◎個人情報保護法 21 条 4 項

①利用目的を本人に通知し，又は公表することにより本人又は第三者の生命，身体，財産その他の権利利益を害するおそれがある場合

②利用目的を本人に通知し，又は公表することにより当該個人情報取扱事
　業者の権利又は正当な利益を害するおそれがある場合

③（略）

④取得の状況からみて利用目的が明らかであると認められる場合

寅山 「①本人又は第三者の権利利益を害する場合」とは，どんな場合で
　　しょうか？

トリ たとえば，児童虐待が疑われる場面で親から事情を聴くとき，「こ
　　こでお聴きした個人情報は，児童相談所へ通告するために利用しま
　　す」と告げると，親が逆上して児童の安全（権利や利益）が脅かされ
　　るかもしれませんよね。このような場合は，利用目的の通知は不要で
　　す。

寅山 なるほど。次の，「②個人情報取扱事業者の正当な利益を害する場
　　合」とは，どんな場合でしょうか？

トリ たとえば，反社的勢力や悪質なクレーマーから電話で攻撃されて録
　　音しようというとき，「この電話は録音します。その利用目的は，当
　　社のクレーマーリストに登録したり，警察や弁護士に相談するためで
　　す」と伝えたら，これも相手が逆上してトラブルが悪化してしまい
　　ますよね。このような場合も，利用目的の通知は不要です。

寅山 状況的に考えて，利用目的を告げることは現実的に不可能な場合，
　　ということですね。最後の「④状況からみて利用目的が明らかな場
　　合」とは，どんな場合でしょうか？

トリ たとえば，名刺交換した相手のメールアドレスに，仕事の依頼や自
　　社の宣伝を送る場合です。ビジネスの世界で名刺交換するということ
　　は，仕事を依頼したり，商品やサービスを宣伝することは十分想定内
　　ですので，そのために氏名やメールアドレスといった個人情報を利用
　　することは，あえて告げるまでもなく状況からみて明らかですよ
　　ね[29]。

寅山　なるほど。状況からみて利用目的が明らかな場合は，意外とありそうですね。防犯カメラなんかも，防犯のために明らかということになりますか？

トリ　鋭い視点ですね！　ビルの入り口など目立つ場所にある防犯カメラは，それが防犯のためであることは状況からみて明らかですので，わざわざ利用目的を通知したり公表する必要はありません。一方，隠し撮りする場合は，防犯目的が明らかとは言い難いので，利用目的の通知または公表が必要です。

(6)　カウンセリングの場合のまとめ

寅山　私はこれまで，カウンセリングの初回面接の際に，特に利用目的を告げずに，カウンセリングシートを渡して氏名などの個人情報を記入してもらっていたのですが，この場合はどうですか？

トリ　**【Point!】カウンセリングの場合，クライアントはカウンセリングを受けるために訪問しているわけですし，カウンセリングシートもカウンセリングを実施するために利用されることは明らかなので，「状況からみて利用目的が明らかな場合」と言えそうですね。**医療現場でも，問診票に個人情報を記入してもらうのは治療を実施するためですから，「状況からみて利用目的が明らかな場合」に当たると思われます[30]。

寅山　よかった～。私は個人情報保護法に違反していなかったのですね！

トリ　ただ，利用目的を告げなくてもかまわないのは，カウンセリングを実施するという目的だけですよ。それ以外の目的は，「状況からみて利用目的が明らかな場合」とは言えませんので，通知または公表が必

---

[29]　「通則 QA」の Q4-15 参照。

[30]　「医療ガイダンス」の 24 頁では，「医療・介護関係事業者が医療・介護サービスを希望する患者・利用者から個人情報を取得する場合，当該個人情報を患者・利用者に対する医療・介護サービスの提供，医療・介護保険事務，入退院等の病棟管理などで利用することは患者・利用者にとって明らかと考えられる」とされていることから，カウンセリングの場合についても，同様と考えられます。

要です。まして，寅山さんのお母さんの個展案内のために，勝手に個人情報を利用することはできません。

寅山　ギクッ，次から気をつけます（汗）。

トリ　特に，カウンセラーの皆さんは，センシティブな個人情報を扱いますし，クライアントとの信頼関係構築が強く求められますので，「状況からみて利用目的が明らかな場合」に頼らず，きちんと利用目的は通知したり公表すべきですね。

寅山　了解です！　次から気をつけます（汗）。

（7）　利用目的の不同意

寅山　ふと疑問に思ったのですが，利用目的を通知したところ，「○○の利用目的は同意しますが，□□の利用目的は同意しません」と言われた場合，どうしたらよいのでしょうか？

トリ　その場合，同意する部分のみ利用可能となります[31]。最初は同意したけれど，後から撤回した場合も，撤回した部分は利用できません[32]。

寅山　極端な例ですが，「カウンセリングを実施するため」という利用目的に同意できませんと言われてしまったら，どうしたらよいのですか？

トリ　その場合は，およそカウンセリングサービスが提供できないので，お断りすることになりますね。カウンセリングも契約の一種ですから，カウンセラー側にも断る自由はあります。

寅山　言われてみれば確かに，カウンセリングも契約なのですね。

トリ　ところで，以前お話した，「自己情報コントロール権」を覚えていますか？

寅山　たしか，自分の個人情報を誰に開示するか，どんな利用目的で開示するかを，本人が自由に選択できる，という権利だったでしょうか？

＊31　「医療ガイダンス QA」の各論 Q2-4 参照。

＊32　「医療ガイダンス」の 27 頁参照。

トリ　はい，そのとおりです。今説明した点には，この「自己情報コント
　　　ロール権」が背景にあります。

寅山　こんなところでつながって来るのですね。今風に言うと，伏線回収
　　　ですね！

◆資料──厚生労働省ガイダンス「医療・介護関係事業者の通常の業務
　　　　　で想定される利用目的」

【患者への医療の提供に必要な利用目的】
　〔医療機関等の内部での利用に係る事例〕
　　・当該医療機関等が患者等に提供する医療サービス
　　・医療保険事務
　　・患者に係る医療機関等の管理運営業務のうち,
　　　─入退院等の病棟管理会計・経理
　　　─医療事故等の報告
　　　─当該患者の医療サービスの向上
　〔他の事業者等への情報提供を伴う事例〕
　　・当該医療機関等が患者等に提供する医療サービスのうち,
　　　─他の病院, 診療所, 助産所, 薬局, 訪問看護ステーション,

　　　　介護サービス事業者等との連携

　　　—他の医療機関等からの照会への回答

　　　—患者の診療等に当たり，外部の医師等の意見・助言を求める
　　　　場合

　　　—検体検査業務の委託その他の業務委託

　　　—家族等への病状説明

　・医療保険事務のうち，

　　　—保険事務の委託

　　　—審査支払機関へのレセプトの提出（適切な保険者への請求を
　　　　含む。）

　　　—審査支払機関又は保険者への照会

　　　—審査支払機関又は保険者からの照会への回答

　・事業者等からの委託を受けて健康診断等を行った場合におけ
　　る，事業者等へのその結果の通知

　・医師賠償責任保険などに係る，医療に関する専門の団体，保険
　　会社等への相談又は届出等

【上記以外の利用目的】

〔医療機関等の内部での利用に係る事例〕

　・医療機関等の管理運営業務のうち，

　　　—医療・介護サービスや業務の維持・改善のための基礎資料

　　　—医療機関等の内部において行われる学生の実習への協力

　　　—医療機関等の内部において行われる症例研究

〔他の事業者等への情報提供を伴う事例〕

　・医療機関等の管理運営業務のうち，

　　　—外部監査機関への情報提供

6.　個人情報の管理

個人情報の管理？　プライバシーポリシー ??

　ある研修会に参加してい
た寅山さんは，久しぶりに
会ったカウンセラー仲間の
牛川さん（ソーシャルワー
カーとして病院勤務）に，
「今年から病院の個人情報
担当になって大変なのよ。
寅山さんはカウンセリング
ルームの個人情報の管理，
どうしているの？」と尋ね
られました。

　「えっ！　管理？　いや，私はキチンと鍵かけて管理していますよ，はい
（汗）」と，シドロモドロに答えた寅山さんでしたが，そこでふと，心機一転
して WEB サイトを大幅リニューアルしようと考えていたことを思い出しま
した。

　そこで，話題を変えようと牛川さんにそのことを相談したところ，「私も
個人情報と一緒に WEB 担当にもなっちゃって。そういえば，寅山さんはプ
ライバシーポリシー，どうしているの？」と，またまた尋ねられました。

　「えっ?!　いや，私はポリシー持ってカウンセリングしています，はい
（汗）」とシドロモドロの寅山さん・・・なんとかその場を誤魔化しました。

(1)　個人データ

<u>寅山</u>　トリさん，個人情報の管理が大事だというのは分かるのですが，具
　　　体的にどんなことをしたらよいか，教えてください。

<u>トリ</u>　はい。個人情報保護法では，個人情報の管理についていくつか規定
　　　がありますので，順番に説明しますね。

<u>寅山</u>　お手やわらかに（汗）。今日はドーナツ 2 個でお願いします。

トリ　OK ですよ！　ではまず，個人情報取扱事業者は，個人データを正確かつ最新の内容に保つこと，利用する必要がなくなった個人データを消去すること，という努力義務を負います* 33。

寅山　あれ？「個人情報」ではなく，「個人データ」なのですか？

トリ　はい。またまた紛らわしい用語が登場しました。前々回，「個人情報取扱事業者」の定義を説明しましたよね。

寅山　えーっと，個人情報データベース等を利用している事業者，ですよね？

トリ　そのとおりです。このデータベースを構成している個々の個人情報のことを，「個人データ」と呼びます* 34。

寅山　どうして呼び名が変わるのですか？

トリ　【Point!】個人情報を乱雑に保管していると，自分で扱うのも面倒ですが，その反面，大量に漏えいするリスクも低くなります。一方，個人情報を体系的に検索可能な状態で整理すると，個人情報データベース等ができあがりますが，便利になる反面，漏えいした場合のリスクは計り知れません。そのため，個人情報取扱事業者としてさまざまな規制を受けることを明確にするため，「個人データ」という呼び名が用いられます。

寅山　個人情報は，便利な状態（体系的に検索可能な状態）に位置づけられるようになると，「個人データ」にランクアップして，管理も厳しく問われる，ということですね。

トリ　はい！　寅山さん，だんだんと個人情報保護法の仕組みに慣れてきましたね!!

寅山　そうですか！　トリさんに褒められたって牛川さんに自慢しないと!!　ところで，「個人データを正確かつ最新の内容に保つこと」というのはイメージできますが，「利用する必要がなくなった個人データを消去すること」というのは，どんな場合でしょうか？

＊33　個人情報保護法 22 条。

＊34　個人情報保護法 16 条 3 項。

トリ　カウンセラーを廃業するときなどは，クライアントの個人データはもう必要ないですよね。ただ，廃業した後でも何らかの問い合わせがあるかもしれないので，一定期間保存しておく必要はあります。たとえば，医療カルテは保存期間が 5 年[*35] ですので，それに倣って 5 年間保存しておいて，その後，個人データを消去すればよいでしょう。

寅山　なるほど。あと，「努力義務」というのはどういう意味ですか？通常の「義務」とは違うのですか？

トリ　細かいところにも気がつきましたね！「努力義務」とは，「〜するよう努めなければならない」と記載されているもので，絶対的な義務ではありません。正式な「義務」のように，違反したとしても，罰則があったり，強制的に義務を果たすよう求められるものではありません。そういう意味ではゆるい規定ですが，法律の理念として，「努力してください」と促していますので，可能な範囲で努力したほうがよいでしょう[*36]。

寅山　はい。努力は大切ですから，私も意識してみます。

(2)　安全管理措置

トリ　【Point!】個人情報取扱事業者は，個人データが漏えいしたり，滅失したりしないように，安全管理措置を講じなければなりません[*37]。これは努力義務ではなく，正式な義務です。

寅山　安全管理措置とは，具体的にどのようなものなのですか？

トリ　技術的な観点や人的な観点も含まれる，広い概念です。たとえば，セキュリティソフトをインストールしたり，マニュアルを作成したり，組織内の責任体制を構築したりというイメージです。詳しい内容

[*35]　保険医療機関及び保険医療担当規則第 9 条。

[*36]　「努力義務」は，将来的に正式な「義務」に格上げされて，法改正されることがあります。たとえば，個人データが漏えいした場合の報告通知義務（個人情報保護法 26 条）は，以前は努力義務でしたが，2022 年 4 月施行の法改正によって，正式な義務に格上げされました。

[*37]　個人情報保護法 23 条。

は，またの機会にしますね。

寅山　確かに，大企業と私のような個人カウンセラーでは，内容も違って
　　　きますよね。私みたいな個人カウンセラーが講じておくべき対策とし
　　　て今思いついたのは，①紙のファイルは施錠できる棚で保管する，②
　　　パソコンや USB メモリーにパスワード設定する，③ウイルス対策ソ
　　　フトをインストールする，④メール添付で資料を送るときはパスワー
　　　ド設定する，⑤よく分からないクラウドや大容量データ便は使わな
　　　い，⑥安易に無料 Wi-Fi に接続しない，というところでしょうか。

トリ　はい。どこまでやらなければならないという事細かな基準はありま
　　　せんが，個人情報保護委員会は「通則ガイドライン」の中で，中小企
　　　業向けに一応の目安を提示しています＊38。これもまたの機会に紹介
　　　しますね。

寅山　なるほど。技術も時代とともに進歩しますから，一度措置を講じて
　　　オシマイではなく，常にアップデートする必要もありそうですね。

トリ　**【Point!】組織の場合は，個人データの管理について，従業者を教
　　　育・監督しなければなりません**＊39。たとえば，スタッフと秘密保持
　　　契約を交わしたり，定期的に個人情報保護に関する研修を実施するな
　　　どです。

寅山　「従業者」とは，どの範囲まで含まれるのですか？

トリ　この「従業者」には，雇用関係にある正社員，契約社員，パート・
　　　アルバイトだけでなく，派遣社員や役員（取締役，監査役，理事な
　　　ど）も含まれます＊40。

＊38　業界によっては，官庁が業界向けにガイドラインを提示しています。前述の厚
　　　生労働省による医療機関向けのガイダンスのほか，金融庁は「金融分野における個
　　　人情報保護に関するガイドライン」を，総務省は「電気通信事業における個人情報
　　　保護に関するガイドライン」を，経済産業省は「経済産業分野のうち個人遺伝情報
　　　を用いた事業分野における個人情報保護ガイドライン」を，WEB 上で公開してい
　　　ます。

＊39　個人情報保護法 24 条。

＊40　「通則ガイドライン」の 52 頁参照。

寅山　業務委託の場合も含まれるのですか？

トリ　外部委託の場合も同様に，個人情報取扱事業者は，外部業者を監督しなければなりません[*41]。

寅山　外部業者を監督とは，たとえば，どのようなことでしょうか？

トリ　**【Point!】まず，委託先を選ぶとき，きちんと個人情報を管理している業者を選ぶ必要があります。選んだらきちんと秘密保持契約を交わして，その後も，定期的に個人情報を適切に扱っているか問い合わせて確認したり，問題がありそうであれば改善を指示する[*42]，ということです。**

寅山　結構大変なのですね。ネットで業者を選んで，「後はお任せ」としてしまいそうです（汗）。

トリ　実際にはそういう例も多いと思いますが，もし委託先で個人情報漏えいが発生した場合，「後はお任せ」状態だと，委託した側も連帯して責任を問われることになりますよ。

寅山　はい，気をつけます。他にも何か管理について規定はありますか？

トリ　当たり前といえば当たり前ですが，個人情報取扱事業者は，違法・不当な行為を助長・誘発するおそれがある方法により個人情報を利用してはならず[*43]，不正の手段により個人情報を取得してはなりません[*44]。たとえば，嘘の利用目的を告げて個人情報を取得することです。

寅山　はい。当たり前のことでも法律にきちんと書いてあると，身が引き締まりますね。

（3）　プライバシーポリシー

トリ　個人情報取扱事業者は，以下の内容を，本人が分かるところに公表しなければなりません[*45]。

---

*41　個人情報保護法 25 条。

*42　「医療ガイダンス」の 39 頁参照。

*43　個人情報保護法 19 条。

*44　個人情報保護法 20 条 1 項。

【Point!】公表義務

・個人情報取扱事業者の住所氏名（法人の場合は代表者名も）

・保有個人データの利用目的

・本人からの各種請求（個人データの開示，訂正，利用目的の通知等）の手続き

・安全管理措置

・苦情の申し入れ先

寅山 「公表」と言われても・・・皆さん，どこに公表しているのですか？

トリ WEB サイト上の「プライバシーポリシー」に盛り込んでいる例が多いですね。

寅山 実は，牛川さんにも聞かれて誤魔化したのですが・・・「プライバシーポリシー」って，いったい何なのですか？

トリ プライバシーポリシーとは，日本語では「個人情報保護指針」となります。「我々は個人情報をこのように扱います」という対外的な宣言ですね。

寅山 あー，言われてみたら私の WEB サイトにも，隅っこのほうに小さい字で「個人情報保護指針」と書いてあります。これがプライバシーポリシーなのですね。

トリ 【Point!】実は，プライバシーポリシーを作成したり公表したりすることは，法律の義務ではありません。法律で公表が義務づけられているのは，先ほど説明した項目です。

寅山 え?!　そうなのですか？

トリ はい。義務ではないものの，最近はほとんどの WEB サイトに，「プライバシーポリシー」あるいは「個人情報保護指針」が掲載されていますね。ですが，実態としては，皆さん自身が意識して作成しているのではなく，　WEB 制作会社が提案したものをノーチェックで利用し

＊ 45　個人情報保護法 32 条 1 項。

ているのではないでしょうか。

寅山　ドキッ。まったくそのとおりです。恥ずかしながら，自分の WEB サイトなのに，プライバシーポリシーを見たことがありません（汗）。

トリ　だったら今，スマホで見てみましょうか？

> **プライバシーポリシー**
> 「当カウンセリングルームは，個人情報保護法など
> 関連法令を遵守し，利用目的を定め，皆様の個人情報を
> 適切に管理することを誓います」

寅山　ガーン，たった 1 文しか書いてなかったです（汗）。でも，間違ったことは書いていませんよね ?!

トリ　間違っていないというか・・・「法令を遵守」とか「適切に管理」とか，当たり前のことを宣言しているだけですよね。これでは，先ほど説明した「法律で義務づけられた項目」が，まったく含まれていません。

寅山　どうしましょう（涙）。トリさん，助けてください・・・。

トリ　【Point!】応急措置として，「**個人情報の扱いについて本人の求めに応じて遅滞なく回答する方法**」[*46]，たとえば，「**個人情報に関するお問い合わせ窓口**」のみを，**WEB 上に掲載することでも対処できます。**

寅山　さっそく明日，業者に依頼して変えてもらいます。

トリ　問い合わせ窓口を設定することで，法律的には最低限の措置はクリアしたことになります。ただ，閲覧者からしたら，「ここに頼んで大丈夫？」と心配になりますよね。

寅山　はい。私が利用者だったら，「どうせ問い合わせても，ちゃんとした安全管理措置は講じていなくて，アタフタするんだろうな」って思います。

＊46　個人情報保護法 32 条 1 項。

トリ いずれ，きちんとしたプライバシーポリシーを作成したほうがよい
ですよ。個人カウンセラーの寅山さんは，小規模な同業者あるいはメ
ンタルクリニックの例を参考にするとよいでしょう。

寅山 はい，参考にしてみます。あっ！ だけど，他の人が作ったプライ
バシーポリシーを無断で真似して利用すると，著作権に引っ掛かりま
せんか？

トリ 鋭い視点ですね。ですが，著作権の対象となる「著作物」は，「思
想や感情を創作的に表現したもの」です。したがって，法律的な取り
決めであるプライバシーポリシーは著作物に該当せず，利用可能で
す[*47]。

寅山 よかったです。WEB 上で公表されているプライバシーポリシーは，
だいたい似たり寄ったりですか？

トリ それが，かなり玉石混交ですね。ものすごく精密に作ってる 100 点
満点の例もあれば，寅山さんのように零点に近い例もあります。ま
た，寅山さんの場合，大企業が作った重厚なプライバシーポリシーを
真似するのも，現実的ではありませんよ。

寅山 えー，どうしよう（汗）。トリさん，ドーナツ 5 個で，私専用のプ
ライバシーポリシーを作ってもらえませんか？

トリ ドーナツ 10 個ならお請けしますよ。1 週間くださいね。完成した
ら，巻末に記しておきます。

寅山 分かりました。ところで，カンマツって？

トリ 気にしないでください[*48]。

---

* 47　鳥飼康二（2021）『Q&A で学ぶカウンセラー・研修講師のための法律──著作
権，契約トラブル，クレームへの対処法』誠信書房，61 頁。

* 48　本書巻末の「参考資料」に，プライバシーポリシーのサンプルを掲載していま
す。参考になさってください。

7. 個人情報の第三者提供

リファー先への情報提供もダメ？

　寅山さんは，あるクライアント
（Aさん）のカウンセリングを半年間
続けていました。Aさんにはトラウ
マがあるため，認知行動療法が適切
と判断した寅山さんは，知り合いの
公認心理師（象木さん）へリファー
することを提案し，Aさんから了承
を得ました。

　ところが，後日，象木さんのカウ
ンセリングを受けたAさんから，「勝
手に私の個人情報を教えないでください！」と，クレームが入りました。

(1)　本人同意の原則

寅山　トリさん，トリさん！　Aさんにどうやって説明したらよいでしょ
　　　う？　まさかこんなことになるなんて・・・。

トリ　落ち着いてください。【Point!】こういう場合は，①法律の観点か
　　　らの検討，②コミュニケーションの観点からの検討，に分けたほうが
　　　よいです。

寅山　はい，お願いします。

トリ　まず，「①法律の観点」ですが，個人情報（正確には個人データ）
　　　を，本人に無断で第三者へ提供したかどうか，という点が問題となり
　　　ます。

寅山　この場合の本人というのは，クライアントであるAさんで，第三者
　　　というのは象木さんのことですね。

トリ　はい，そのとおりです。ちなみに，同一事業者内で他部門と個人
　　　データを共有する場合は「第三者提供」になりません[* 49]。たとえば，

寅山さんと象木さんが同じ法人が運営するカウンセリングルームに所属していて，クライアントは法人とカウンセリング契約を結んだ場合，寅山さんと象木さんは，利用目的の範囲内で，クライアントの個人データを共有することができます。

寅山　なるほど。でも，私と象木さんは別々の独立したカウンセラーですから，象木さんは第三者にあたるということですね。

トリ　【Point!】個人情報取扱事業者は，個人データを第三者へ提供する場合，原則として本人の同意が必要です[*50]。

寅山　「原則」ということは，「例外」があるということでしょうか？

トリ　はい。「例外」については，また別の機会に説明しますね。まずは「原則」を押さえましょう。

寅山　私も常識感覚として，個人データを無断で第三者へ提供してはいけないことくらい理解しています。ですが，Aさんはリファーに同意してくれたので，てっきり個人データをリファー先に提供することも，同意してくれたと思っていました・・・。

(2) 明示の同意と黙示の同意

トリ　それは無理もないですね。ところで同意には，「明示の同意」と「黙示の同意」があります。ちょっとややこしいので，解説をチャットで送りますね。

■解説

①明示の同意

＊同意したことを，外部に表示することです。

＊49　「通則ガイドライン」の69頁参照。なお，別事業者であっても，グループ会社間などで共同して個人情報を利用する場合で，利用目的，共同利用者の範囲などを事前に本人に通知あるいは本人が容易に知り得る状態にしておけば，第三者提供に当たりません（個人情報保護法27条5項3号）。

＊50　個人情報保護法27条1項。

* 口頭で「○○さんに提供してもよいでしょうか？」と尋ねて，「はい」と返事をもらっても，「明示の同意」となります。
* ただ，後で「言った／言わない」と争いになるかもしれませんので，できれば同意書を取ったり，メールで質問して返信してもらったり，記録として残るものが望ましいです。

②黙示の同意

* 黙示の同意とは，はっきり文字や言葉に出さなくても，状況的に同意していると考えられる場合です[51]。
* たとえば，カウンセリングを受けに来ているクライアントは，カウンセリングシートに記入した個人情報がカウンセリングを実施するために利用されるということを，言葉に出さなくても同意していると考えられます（あえて「同意しますか？」と尋ねたとしても，クライアントは間違いなく「はい」と答えるでしょう）。

トリ　同意については今回の寅山さんの場合，どうでしょうか？　何か思い当たることはありますか？

寅山　うーん。今になって思うと，Aさんはとても繊細な方でした。

トリ　ひょっとしたら，「寅山さんとは信頼関係が築けたから，個人情報をすべてオープンにするけど，まだ象木さんは初対面で信頼関係が築けていないから，個人情報をすべてオープンにはしません。どのタイミングで，どの個人情報をオープンにするか，私が決めます」と，考えたのかもしれませんね。

寅山　あー！　そういうことだったのか‼　そういえば，以前トリさんから教えてもらった，「自己情報コントロール権」に近いような。

トリ　いい視点ですね。「私の個人情報は，○○さんには全部教えるけれど，□□さんには一部しか教えない」というのは，ワガママではなく

＊51　「通則QA」のQ1-61参照。

権利なのです。

寅山　そうすると，私は個人情報保護法に違反したことになるのでしょうか・・・？

トリ　微妙な問題ですが，私の見解としては，個人情報保護法に違反していないと考えます。なぜなら，**一般的には，リファーに同意すれば，リファー先へ個人情報を提供することについても黙示的に同意していると考えて，不合理ではないからです。**寅山さんには落ち度（過失）はなかった，とも言えますね。

寅山　よかったです（涙）。

トリ　医療現場でも，厚生労働省の見解[*52]では，「第三者への情報の提供のうち，患者の傷病の回復等を含めた患者への医療の提供に必要であり，かつ，個人情報の利用目的として院内掲示等により明示されている場合は，原則として黙示による同意が得られているものと考えられる」とされています。また，医療機関向けの解説書[*53]でも，「転院元の医療機関において，院内掲示等により，個人情報の利用目的を明らかにし，患者から留保の意思表示がない場合には『黙示の同意』が得られていると考えられ，必要な個人情報の提供が可能です。この場合，転院先の医療機関においては，あらかじめ本人の同意を得た個人情報の取得に該当し，改めて本人の同意を得る必要はありません」とされています。つまり，カウンセリングの場合も，あらかじめ他の専門職へ紹介（リファー）することを利用目的に掲げていて，必要なリファーであれば，個人情報の提供について「黙示の同意」があったと扱ってもよいことになります。

寅山　なるほど。カウンセラーの場合，医療現場の事例が参考になるのですね。

トリ　ただし，今回の件で，Ａさんは「リファーする際には，個人情報の

＊52　「医療ガイダンス」の47頁参照。

＊53　飯田修平編著（2020）『医療・介護における個人情報保護Ｑ＆Ａ（第2版）』じほう，36頁。

提供について，その都度確認してほしい」という希望を持っていることが判明したわけですから，次にリファーする際には，その都度確認しないと，個人情報保護法に違反したことになりますよ。

寅山　はい。忘れないように，「リファーする場合はその都度，個人情報提供を確認」と，Ａさんのカルテにメモしておきます。

トリ　**【Point!】カウンセラーの場合は，精神疾患の有無や虐待被害など，かなりセンシティブな個人情報を扱いますので，リファーする際に「黙示の同意」で済ませず，慎重になったほうがいいかもしれないですね。**先ほどの厚生労働省の見解でも，「なお，傷病の内容によっては，患者の傷病の回復等を目的とした場合であっても，個人データを第三者提供する場合は，あらかじめ本人の明確な同意を得るよう求めがある場合も考えられ，その場合，医療機関等は，本人の意思に応じた対応を行う必要がある」と指摘されています。

寅山　具体的には，どのようにしたらよいのでしょうか？

トリ　まず，利用目的に，「他の心理職と連携」と掲げておくことです。そして，できれば同意書を取ることです。同意書を取ると何だかギスギスしそうであれば，口頭で同意を取って，その旨をカルテに記載しておくのがよいでしょう。

（3）　苦情への回答法

寅山　そうすると，私の場合，法律的には問題なかったとしても，Ａさんに対してどのように説明したらよいのでしょうか？

トリ　ここからは，「②コミュニケーションの観点」です。「法律的には問題ありません」と説明することは間違ってはいませんが，**クライアントの心情に配慮した表現が望ましい**ですね。

寅山　心情に配慮とは，たとえばどのような表現でしょうか？

トリ　そうですねー。このような文章でしょうか。

> 　この度は，ご迷惑をおかけして申し訳ございません。公認心理師への紹介に同意していただいたため，それに必要な個人情報の提供も，黙示的に同意していただけたと考えておりました。以後，心理職へ紹介する場合は，その都度，個人情報の提供について確認させていただきますので，どうかご容赦ください。

[寅山]　ちょっとメモさせてください。ところで，「申し訳ございません」や「ご容赦ください」という謝罪的な言葉を使うと，責任を認めたことになりませんか？

[トリ]　**【Point!】全面的に非を認めるわけではなく，こちらの言い分を伝えつつ社交辞令の範囲内であれば，謝罪的な言葉を使っても，責任を認めたことにはなりません。**一方，相手の心情に配慮せず，「法律的には責任はありません」と突っぱねると，トラブルが収束せず加熱することがあります。カウンセラーの皆さんは，相手の心情に配慮するトレーニングを受けているわけですから，そこはうまくコミュニケーションを取ってみてください。

[寅山]　はい，参考になりました！

（4）　記録保存義務

[トリ]　あと，細かい注意点ですが，第三者提供を行った場合は，本人同意を得ている旨，第三者の氏名，本人の氏名，提供した個人データの項目などを記録して，原則 3 年間保管しなければなりません[54]。第三者提供を受け取った側も，同様の記録を付けて保管しなければなりません[55]。第三者提供の記録については，別途ガイドライン[56]が作成

---

[54]　個人情報保護法 29 条。
[55]　個人情報保護法 30 条。
[56]　個人情報保護委員会「個人情報保護法ガイドライン（第三者提供時の確認・記録義務編）」https://www.ppc.go.jp/files/pdf/211029_guidelines03.pdf

されていますので，参考にしてください。

|寅山| なるほど。第三者提供を慎重に行うために，確認や記録が義務づけ
　られているのですね。

8. 同意なく第三者提供できる場合

警察からクライアントの照会が来た!!

　寅山さんは，あるクライアント（Bさん）のカウン
セリングを半年間続けています。Bさんは非常に情緒
不安定で，自傷行為を繰り返しているため，寅山さん
は保健所の精神保健福祉士へ電話で相談しました。

　あるとき警察から，「Bさんが傷害事件を起こしまし
た。そちらでどんなカウンセリングを受けていたか教
えてください」と，問い合わせがありました。

(1)　例外規定

|寅山|　トリさん，前回，個人データを第三者へ提供
　するとき，原則として本人の同意が必要と教えてもらいましたが，例
　外があるのですよね？

|トリ|　はい。個人情報保護法 27 条 1 項には，本人の同意なく個人データ
　を第三者へ提供することができる例外規定がいくつか挙げられていま
　すが，カウンセラーの皆さんに覚えておいてほしいのは，**①法令に基
　づく場合**，**②生命身体等の保護のため**，**③児童の育成等のため**，の 3
　点です。

①法令に基づく場合

|寅山|　資格試験の勉強をしているとき，緊急事態では守秘義務が解除され
　ると習いましたが，それに関連するのですね。ちなみに，①法令に基
　づく場合とは，個人情報保護法に基づくという意味ですか？

トリ　いいえ，違いますよ。ここでいう「法令」は，あらゆる法令です。代表的なものをチャットで送りますね[57]。

◆資料──第三者提供時の例外規定の根拠法令
・刑事訴訟法 197 条 2 項に基づく，捜査機関からの照会。
・民事訴訟法 186 条に基づく，裁判所からの調査嘱託。
・児童虐待防止法 6 条に基づく，行政への通告義務。
・医療法 25 条に基づく，行政の立入検査。
・感染症予防法 12 条に基づく，行政への届出義務。

寅山　ありがとうございます！　すると，B さんについて警察から照会があったのは，この刑事訴訟法が根拠になっているので，応じてもかまわないということですね。だけど，法律の素人には，細かい法令の根拠は分からないですよ。

トリ　【Point!】本人（B さん）からあとで「勝手に個人情報を渡したな！」と責められないように，照会があった機関から，「○○法○条に基づき照会します」と，法令上の根拠を明記した照会書を提出してもらうことが無難ですね[58]。

寅山　ちなみに，これって，拒否できるのですか？

トリ　拒否しても，寅山さんが罰せられるわけではありません。ただ，どうしても B さんのカウンセリング記録が捜査で必要であれば，寅山さんのカウンセリングルームに，警察が捜索差押令状を持って現れるか

---

[57]　報道によると，孤立孤独対策として，孤立した人の個人情報を官民で共有できる法案（2024 年 4 月施行予定）を作ろうという動きがあるようです。

[58]　本人との間の争いを防止するためには，照会に応じ警察等に対して顧客情報を提供する場合は，当該情報提供を求めた捜査官等の役職，氏名を確認するとともに，その求めに応じ提供したことを，後日説明できるようにしておくことが必要と考えられます（「通則 QA」の 7-17 参照）。

もしれません。これは強制捜査なので，拒むことはできません。

寅山　うーん，想像しただけでドキドキします（汗）。

トリ　その後のクライアントとの信頼関係も考えると，たとえ個人情報保護法に違反しないとしても，悩ましいですね。警察がどこまで詳しい情報を求めているか分からない段階では，当たり障りのない範囲で回答してはいかがでしょうか。

寅山　はい，そうしてみます。

トリ　また，カウンセラーの皆さんは，ストレスチェックに関わる場合もあると思います。ストレスチェックは，労働安全衛生法 66 条の 10 に基づく事業者の義務ですので，外部機関にストレスチェックの実施を委託する場合は「法令に基づく場合」に該当し，本人の同意がなくても，ストレスチェックに必要な従業員の個人情報を外部機関に提供することが可能です[59]。

②生命身体等の保護のため

トリ　次の，②生命身体等の保護のためですが，正確には「人の生命，身体又は財産の保護のために必要がある場合であって，本人の同意を得ることが困難であるとき」とされています。

寅山　たとえば，どのような場合でしょうか？

トリ　例をチャットで送りますね。

◆資料——第三者提供時の例外規定：生命身体等の保護のケース
・本人が意識不明で，関係機関へ照会したり，家族からの安否確認に対して必要な情報提供を行う場合。

＊59　厚生労働省「雇用管理に関する個人情報のうち健康情報を取り扱うに当たっての留意事項」https://www.mhlw.go.jp/file/06-Seisakujouhou-12600000-Seisakutou katsukan/0000167762.pdf

> ・大規模災害で混乱していて，家族や関係者からの照会に対して必要な情報提供を行う場合。
> ・本人が自傷他害（自殺未遂，殺人予告など）を本気でほのめかしており，同意を取ることが難しい場合。

|寅山| Bさんは自傷行為を繰り返していて，そのことを保健所など外部機関に情報提供してもいいかと尋ねたら，信頼関係が崩れてしまいそうです。

|トリ| そのような場合はこの例外規定に当たるので，Bさんの生命身体を守るためにも，同意なく情報提供が可能です。

|寅山| よかった！ 保健所に連絡して，Bさんの件を精神保健福祉士さんに相談しましたが，例外規定に当たるから，同意がなくても適法だったのですね。安心しました。

③児童の育成等のため

|トリ| 最後の，③児童の育成等のためですが，正確には，「公衆衛生の向上又は児童の健全な育成の推進のために特に必要がある場合であって，本人の同意を得ることが困難であるとき」とされています。これも，例をチャットで送りますね。

> ◆資料——第三者提供時の例外規定：児童育成等のケース
> ・医療事故が発生し，公的機関へ報告する場合。
> ・医学の発展のために，患者の症例情報を他の医療機関や製薬企業に提供したいが，患者が転居して連絡がつかない場合。
> ・児童（生徒）の不登校や不良行為，児童虐待のおそれがある家庭情報を，関係機関で共有する場合。

寅山　ありがとうございます！　ところで，「公衆衛生」というのは，幅広く医療や人々の身体的・精神的健康に関する概念でしょうか？　カウンセラーに関係しそうなのは，最後の児童の点ですよね。

トリ　はい，そうです。児童虐待の場合は，先ほどの，②生命身体等の保護のためでも対応できます。この，③児童の育成のためでは，虐待に限らず，幅広く児童の育成に関することに対応できる利点があります。

寅山　今回教えてもらった第三者提供の例外規定 3 点は，どれも緊急的な対応が求められるケースですね。普段からこの例外規定を頭に入れておいて，いざというときは迅速に対応できるように心がけたいです。

トリ　あまり難しく考えすぎなくても大丈夫ですよ。【Point!】「正当防衛」**という言葉を聞いたことがあると思いますが，法律の一般的な考え方として，誰かの権利や利益を守るために緊急やむを得ない場合は，形式的には違法とされる行為も，例外的に合法となります。**たとえば，人の命は取り返しがつかないですよね。そんなとき，個人情報保護法に違反したらどうしようと悠長に考えられないでしょう。「何を守ることを優先すべきか？」と冷静に考えれば，おのずと方向性は見えてきますよ。

9. 第三者提供の素朴な疑問――痒いところかきます!!

トリ　前回，第三者提供の原則と例外（同意なく提供できる場合）を説明しましたが，ここで，よく聞かれるいくつかの素朴な疑問（痒い所）も，解説してみましょう。

寅山　はい！　ぜひお願いします。

（1）　クラウドサービスの利用

トリ　寅山さんは，インターネットのクラウドサービスを利用していますか？

寅山　ええ，利用しています。USB メモリーを持ち歩かなくていいし，とても便利ですよね。

トリ　そのクラウドの中に個人データを保存したら，どうなるでしょう？

寅山　あっ！　まさか，第三者（クラウドサービス提供業者）に提供していることになってしまうのですか?!

トリ　そう思われますよね。でも，クラウドサービスは世の中に広く普及しているので，そこに個人データを保存することを第三者提供としてしまうと，利便性が損なわれます。

寅山　はい，いちいち同意を取ることは現実的ではないですよね。

トリ　【Point!】そこで，クラウドサービス提供業者が，クラウドに保存された個人データを扱わず，アクセス制御されている仕組み（規約）になっている場合は，「第三者提供」に当たらないとされています*60。そのため，本人の同意は不要です。

寅山　それならよかったです。

トリ　たとえば，Microsoft 社が提供する OneDrive では，OneDrive と Office365 は，"ゼロスタンディングアクセス"ポリシーを維持しています。つまり，「アクセスの昇格が必要な特定のインシデントに対応して明示的に許可されない限り，エンジニアはサービスにアクセスできません。アクセスが許可されるときは常に，最小特権の原則の下で行われます」*61 と規定されており，クラウドサービス提供業者側

---

*60　「通則 QA」の Q7-53 参照。なお，クラウドサービス提供業者が外国業者の場合も，「当該サーバを運営する外国にある事業者が，当該サーバに保存された個人データを取り扱わないこととなっている場合には，外国にある第三者への提供（法第 28 条第 1 項）に該当しません」とされています（「通則 QA」の Q12-3 参照）。

からアクセス制御されています。また，Dropbox 社が提供する Dropbox では，「Dropbox がお客様のデータをホストする，バックアップする，またお客様のリクエストに基づき情報を共有する場合，Dropbox はお客様の許可を必要とします」[62] と規定されており，Microsoft 社と同様に，クラウドサービス提供業者側からアクセス制御されています。

寅山　では，クラウドサービスの規約によって第三者提供に当たらない場合，委託先の監督義務[63] は課されないのでしょうか？

トリ　鋭いですね！　確かに委託先の監督義務は課されませんが，一般的な安全管理措置の一環として，適切な安全管理措置を講じる必要があります[64]。

寅山　監督義務までは不要でも，安全管理措置は必要。なんだかややこしいですね（汗）。たとえば，どのような措置でしょうか？

トリ　セキュリティがしっかりしているクラウドサービス業者を選ぶことや，問題がありそうな兆候があれば，サービスの利用を停止することです。

寅山　なるほど！　便利だから，無料だからといって，セキュリティを軽視しないことですね。

(2)　メール CC

寅山　そういえば最近，私も素朴な疑問を抱きました。私の知人のソーシャルワーカーで，病院に勤めている牛川さんから，ハラスメント研修を一緒に実施してほしいと依頼されました。研修内容について，牛川さんとはメールで協議していたのですが，あるときから，牛川さん

---

[61]　「クラウドのデータを OneDrive で安全に保護する方法」https://www.microsoft.com/ja-jp/

[62]　「利用規約」https://www.dropbox.com/terms

[63]　個人情報保護法 25 条。

[64]　「通則 QA」の Q7-54 参照。

からのメールに「CC」が付いて，複数のアドレスが記されるように
なりました。

トリ　寅山さんは，そのアドレスには見覚えがなかったのですか？

寅山　はい，見覚えはありませんでした。そこで，牛川さんに直接会った
とき，「あの CC のアドレス，誰のアドレスですか？」と尋ねてみた
ところ，「病院の上司と同僚ですよ。今回のハラスメント研修の情報
共有のために，CC に入れました」とのことでした。

トリ　無断で CC に入れたとしたら，マズいですね。

寅山　やはりそうでしたか。私も，トリさんから個人情報のことを教えて
もらったので，メールアドレスも個人情報になるので，本人の許可な
く他人にアドレスが分かるように CC で入れるのは，マズいのではな
いかと思いました。

トリ　【Point!】メールアドレスを体系的に検索できるように整理してい
れば，「個人データ」になります。そこで，個人情報保護法 27 条に
よって，本人の許可なく第三者提供してはいけない，つまり CC に入
れてはいけないことになりますね。

寅山　牛川さんは几帳面な方なので，きっと，メールアドレスはメールソ
フトで体系的に検索できるように整理していると思います。そうする
と，私のアドレスが，無断で上司や同僚の方に提供されてしまったと
いうことになりますよね。

トリ　そうですね。逆に，上司や同僚の方が同意してなかった場合，牛川
さんはその方達のアドレスを，無断で寅山さんへ提供したことにもな
ります。

寅山　牛川さんの上司や同僚の方が，私のアドレスを知っても変なことを
するとは思えませんし，私も変なことをするつもりはないので，実際
には問題にはならないでしょうが，ちょっとモヤモヤしました。

トリ　そのようにモヤモヤする感覚を持つことは，法令遵守のために必要
なことですよ。

寅山　はい！　いつも牛川さんには教わってばかりなので，今度は私が教

えてあげようと思います。

(3)　写真の掲載

トリ　寅山さんのブログを見たのですが，ハラスメント研修は盛況に終わったようですね。

寅山　はい，おかげさまで好評でした！　研修が終わってから，牛川さんと何人かの職員の方たちと，軽く打ち上げを行いました。そのときの写真，ブログにもアップしていますよ！

トリ　その写真ですが，個人情報の観点から何か問題はありませんか？

寅山　あっ！　顔写真は個人が識別可能であれば，個人情報に当たりますよね。私はネームプレートを付けていたので，識別可能です。だけど，スマホの画像データ，私は撮りっぱなしで体系的に整理していないので，個人データに当たらないですよね？

トリ　はい。そのため，第三者提供の適用外です。ただし，利用目的の通知は必要ですので，注意してください。

寅山　ややこしいですね（汗）。

トリ　**【Point!】個人情報保護法の観点からは，個人情報（＝写真）は，取得（＝撮影）する際に，利用目的（＝ブログ掲載）の通知が必要ですが，体系的に整理していない場合は個人データにならず，第三者提供の適用外（＝本人の同意不要），ということになります。**ただし，プライバシーの観点からは，本人の同意なくブログに写真を掲載すると，プライバシー侵害（違法）となる可能性がありますので，注意してください。プライバシー侵害については，また別の機会に詳しく説明しますね。

寅山　いずれにしても，他人の写真をブログや SNS に掲載するときには，本人から同意を取っておくべき，ということですね。

(4)　アンケートの掲載

トリ　同じブログに，ハラスメント研修参加者のアンケート結果（参加者

の声）が掲載されていましたが，これは問題ないでしょうか？

寅山　えっ？　アンケートは無記名で誰が書いたか分からないので，個人が識別できないし，そもそも個人情報ではないですよね。プライバシーでもないはずだし・・・。

トリ　はい。個人情報でもプライバシーでもないとしても，著作権が問題となります。

寅山　えっ？　無記名なのに著作権が問題になるのですか？

トリ　【Point!】文章は，作者が不明であっても，「思想又は感情を創作的に表現したもの」であれば，著作権が発生します*65。そのため，「面白かったです！」という一言の感想ではなく，数行にわたって詳しく書かれた感想であれば，著作物に該当する場合があります。

寅山　そうだったのですか（汗）。詳しく書かれた感想のほうがアピールできると思って，掲載してしまいました。

トリ　実際問題として，その感想を書いた方が「著作権の侵害です」と苦情を言ってくる可能性は低いと思いますが，やはり気をつけたほうがよいでしょう。

寅山　はい。今掲載しているものは削除して，次回からアンケートを取るときには，「ブログに掲載してもよいですか？」というチェック欄を設けます。

(5)　個人関連情報

トリ　ところで，単独では個人が識別できない情報として，たとえば「職業」「勤務先」「趣味」がありますよね。他にもインターネット関連では，「Cookie 情報」や「IP アドレス」なども，単独では個人が識別できませんよね。こういった情報を第三者提供するとき，本人の同意が必要だと思いますか？

寅山　個人が識別できなければ「個人情報」ではないから，同意なく第三

---

*65　著作権法 2 条 1 項 1 号。

者提供できる，ということですよね？

トリ　そのとおりです。ただ，現在では，単独では個人が識別できない情報でも，それを集めて突き合わせて，特定の個人をほぼ間違いなく識別することが簡単にできるようになりました。それが問題となったのが，「リクナビ問題」です。

寅山　あっ，聞いたことがあります。新卒学生の就職活動で，学生に無断で内定辞退率を提供したことが問題になった件ですよね。

トリ　そうです。簡単に説明すると，情報の提供元（リクナビ）は，個人が識別できないから個人情報ではない（本人の同意なく第三者提供可能）としたのですが，情報の提供先（学生を募集している企業）では，受け取った情報と自ら保有している情報をもとにして個人が識別できた，というものです。つまり，第三者提供には本人の同意が必要という制度の，"抜け穴"ができてしまったのです。

寅山　それはマズイですよね。

トリ　【Point!】そこで個人情報保護法が改正され，**個人に関する情報で個人情報等に該当しないものを，「個人関連情報」**[66]**として定義して，第三者提供の際に規制をかけることになりました。先ほど挙げた「職業」「勤務先」「趣味」「Cookie 情報」「IP アドレス」が，「個人関連情報」に該当します**[67]。

寅山　あれっ？　以前トリさんから，「職業」や「趣味」も個人情報になると教わったような（第1章3.(2)参照）。

トリ　ここが，個人情報保護法の難しいところです。「職業」や「趣味」といった同じ情報であっても，その情報を取得したとき，**①他の情報と合わせると容易に個人が識別できる場合は「個人情報」，②他の情報と合わせても容易に個人が識別できない場合は「個人関連情報」，**となるのです。

寅山　うーん。何となく違いは分かりましたが，実際，何が異なるのです

＊66　個人情報保護法2条7項。
＊67　「通則ガイドライン」の22頁参照。

か？

トリ では，簡単な例を挙げますね。まず，本人Ａがいて，Ａから情報を取得した者をＢ，Ｂから情報を受け取る者をＣとします。①「個人情報」の場合は，「職業」や「趣味」といった情報をＢからＣへ提供するとき，ＢはＡから同意を取る必要があります。

寅山 これは，第三者提供の原則ですね。

トリ 一方，②「個人関連情報」の場合が問題です。Ｃが受け取った情報を，Ｃ自ら保有している他の情報と突き合わせて，Ａの個人データとして利用することを想定している場合，ＣはＡから同意を取る必要があり，ＢはＣがちゃんとＡから同意を取っているか確認しなければなりません[68]。

寅山 提供先（ここではＣ）が，本人から同意を取る必要があるのですね。

トリ はい。リクナビ問題でいえば，学生を募集している企業側が学生に対して，「リクナビから貴方の個人関連情報の提供を受けますが，よろしいでしょうか？」と，同意を求めることになります。

寅山 なるほど。個人営業のカウンセラーが，このような場面に遭遇することは少ないような気もしますが，ＷＥＢ広告を取り入れる際には注意が必要そうですね。

トリ いかがでしたか？　第三者提供に関連して普段何気なくやっていることも，細かく見ていくと，法的問題が潜んでいることが分かっていただけたと思います。

寅山 はい，痒いところに手が届きました！

---

[68]　個人情報保護法31条1項。

10.　本人からの請求

本人がカルテを見たいと言ってきた‼

　寅山さんは，あるクライアント（Cさん）のカウンセリングを半年間続けています。

　あるときCさんから，「効果がないので，カウンセリングに通うのをやめます」とメールが届きました。その翌日，Cさんから，以下のメールが続けて届きました。

　「私のこと，カルテにどんなふうに書いているのか知りたいので，私の個人

情報をすべて開示してもらえますか？」「開示してもらった後，私の個人情報が他人のところに残っているのが嫌なので，全部消去してもらって，消去した証拠を出してもらえますか？」

(1)　開示請求

[寅山]　トリさん！　Cさん本人からの開示請求，どう対応したらよいのでしょうか？　メールを読むとドキッとして落ち着きません（汗）。

[トリ]　ドキッとする気持ちは分かりますが，開示請求は本人の権利ですから，応じなければなりませんよ。

[寅山]　う～ん・・・ですが，「どんなふうに書いてあるか知りたい」という理由でも，開示しなければならないのですか？

[トリ]　【Point!】以前お話した「自己情報コントロール権」という考え方からすれば，開示請求はクライアントの権利ですので，理由や目的は問われません。

[寅山]　やはりそうなのですね・・・。

[トリ]　確認ですが，寅山さんは，「表計算ソフトでクライアントの個人情

報を整理して管理している」と言ってましたが，もう少し具体的に説明してもらえますか？

[寅山] えーっと，初回面談のときに記入してもらったカウンセリングシートは，特に整理しないで紙のまま保管しています。初回面談で終わらずに継続面談となった場合，表計算ソフトの Excel で作ったカルテに，カウンセリングシートの内容や継続面談の内容を記入しています。

[トリ] なるほど，すると寅山さんは，Excel のカルテは開示しなければなりませんが，カウンセリングシートは開示しなくても大丈夫ですね。

[寅山] えっ？　全部開示しなくてもよいのですか？

[トリ] はい。個人情報取扱事業者は，本人から保有個人データの開示請求を受けた場合は，遅滞なく開示しなければなりません[69]。

（2）　保有個人データ

[寅山] 「保有個人データ」って何ですか？

[トリ] 「個人データ」は覚えていますか？

[寅山] えーっと，バラバラだった個人情報を，体系的に検索可能な状態に整理して個人情報データベースを作成すると，そのデータベースに含まれる個人情報が，「個人データ」と呼ばれるようになるのでしたっけ？

[トリ] 正解です！　個人情報取扱事業者が，その「個人データ」を開示したり訂正したりする権限を有する場合，「個人データ」は「保有個人データ」と呼ばれます[70]。

[寅山] ん？　意味が分かりません（汗）。

[トリ] 通常，個人情報取扱事業者は，自ら開示や訂正する権限を持っているので，「個人データ」＝「保有個人データ」と考えてかまいません。例外として，たとえば個人データの取り扱いを外部に委託してい

＊69　個人情報保護法 33 条 2 項。
＊70　個人情報保護法 16 条 4 項。

るケースで，委託先に対して自らの判断で開示等をする権限を与えて
いない場合や，何ら取り決めがないため委託先が自らの判断で開示等
をすることができない場合は，委託先の中では「個人データ」≠「保
有個人データ」となります[* 71]。

寅山　そうすると，カウンセラーの場合は，「個人データ」＝「保有個人
データ」と考えておけばよいのですね。

トリ　【Point!】寅山さんのカルテは，パソコンで体系的に検索可能な状
態で管理しているので「保有個人データ」として開示の対象となりま
す。一方，紙のカウンセリングシートは，体系的に検索可能な状態で
整理していないので「保有個人データ」に当たらず，開示の対象とな
りません[* 72]。

(3)　開示を拒否できる場合

寅山　う～ん・・・カルテはやっぱり開示しないといけないのですよ
ね・・・。

トリ　開示したらマズいことでも書いてあるのですか？

寅山　実は，Ｃさん，とても不安定な方だったので，カルテに「精神疾患
を抱えている可能性がある」「何らかのパーソナリティ障害？」「本人
の気質（強いこだわり）が家族関係に影響を及ぼしている」と記載し
ているのです。もしカルテを開示すると，Ｃさんが激怒するのではな
いかと・・・。

トリ　なるほど。そういう場合に備えて，個人情報保護法では，本人から
の開示請求を拒否できる場合を定めています。

── 条　文 ────────────────────────────

◎個人情報保護法 33 条 2 項
　開示することにより次の各号のいずれかに該当する場合は，その全部又

───────────────
＊71　「通則 QA」の Q1-51 参照。
＊72　「通則 QA」の Q9-5 参照。

は一部を開示しないことができる。

①本人又は第三者の生命，身体，財産その他の権利利益を害するおそれがある場合

②当該個人情報取扱事業者の業務の適正な実施に著しい支障を及ぼすおそれがある場合

③他の法令に違反することとなる場合

トリ　【Point!】条文の①号は，たとえば医療分野で，症状や予後，治療経過等について，患者さんに対して十分な説明をしたとしても，患者さん本人に重大な心理的影響を与え，その後の治療効果等に悪影響を及ぼす場合です[*73]。また，②号は，たとえばクレーマー的な人から繰り返し開示請求があり，それに応じていると業務に著しい支障を及ぼす場合です[*74]。

寅山　それでは私の場合，どうなるのでしょうか？

トリ　微妙なケースですね。開示したらＣさんが気分を害する可能性が高いので，Ｃさんの心身への影響を考えると，開示しないほうがよいようにも思います。一方，Ｃさんは今後，寅山さんのカウンセリングを受けることはないでしょうから，開示することによって信頼関係が壊れる云々は，考慮する必要はありません。また，そもそも開示請求は，自己情報コントロール権という本人の権利です。そうすると，開示を拒否することはできないと考えるべきでしょう。

寅山　分かりました。ただ，「はい開示します」と事務的に応じるのは，ちょっと躊躇します。

トリ　そうですね。本人のショックを和らげるために，「カルテには，Ｃさんが気分を害する可能性のある事項が記載されています。決してＣさんを傷つける意図ではなく，Ｃさんの症状の改善を願って，カウン

[*73]　「医療ガイダンス」の70頁参照。
[*74]　「通則ガイドライン」の125頁参照。

セラーの見立てとして書かせていただきました」などと丁寧に説明したうえで，それでも開示を希望するのであれば，開示に応じてはいかがでしょうか。

寅山　はい，そうしてみます。

(4)　カウンセリング契約書との関係

寅山　そう言えば，私はカウンセリング契約書のようなものは作っていないのですが，以前，先輩カウンセラーのカウンセリング契約書を見せてもらったところ，「カルテは開示しません」という条項がありました。この場合，本人からの開示請求に応じなくてもよいのでしょうか？

トリ　う〜ん，難しい質問ですね。

寅山　トリさんでも難しいのですか？

トリ　はい。裁判例や学説で，まだはっきり結論が出ていない問題なのです。まず，個人情報保護法の開示請求権とは，公法上の請求権か，私法上の請求権か，という議論です。公法上の請求権であれば，当事者が合意したとしても放棄できない傾向になり，私法上の請求権であれば，私的自治や契約自由の原則によって，当事者が合意すれば放棄できる傾向になります。

寅山　放棄できる権利とは，たとえばどんな権利ですか？

トリ　典型的なのは所有権ですね。私の着ている服は，私が所有権を持っているので，誰かにあげようが，捨ててしまおうが，私の自由なのです。

寅山　なるほど。

トリ　そして，個人情報保護法の開示請求権は，私法上の権利と考えられています[75]。私法上の権利であれば，「開示請求しません」との合意をすることは可能です。

＊75　板倉陽一郎（2017）「プライバシーに関する契約についての考察（2）」『情報法制研究』2 号，70 頁。

寅山　それじゃあ，私も今度から，そういうカウンセリング契約書を作ろうかな。

トリ　【Point!】ただし，注意が必要です。そのような合意をすることで，**消費者側（クライアント側）に著しい不利益が生じる場合は，消費者契約法 10 条によって無効となることがあります**[76]。また，**合意自体は有効だとしても，個別のケースによっては，開示請求を拒むことが権利の濫用，信義則違反といった理論**[77]**によって，許されない可能性があります。**

寅山　たとえば，どんなケースでしょうか？

トリ　そうですね，一例を挙げると，カウンセラー側に落ち度があって，カウンセリングによって副作用が生じた場合，真相究明のためにはカルテの開示が必要ですが，契約条項を盾に取って開示を拒むのは，信義に反しますよね。

寅山　たしかに，そのようなケースで開示を拒否することはやり過ぎだと思います。

トリ　ちなみに，「個人情報保護法は一切適用されません」などと，極端にクライアント側に不利な内容の契約書を作ると，個人情報保護委員会から勧告[78]を受ける可能性がありますので，注意してください。

（5）　顛末報告義務

寅山　Ｃさんから「カルテを開示できないことは分かりましたが，どうして効果がなかったのか説明してもらえますか？」と尋ねられたら，どうしたらよいでしょうか？

トリ　その場合は，説明しなければなりません。なぜなら，カウンセリングは「準委任契約」という契約類型[79]に属するのですが，準委任契

＊76　板倉陽一郎（2017）「プライバシーに関する契約についての考察（2）」『情報法制研究』2 号，72 頁。

＊77　民法 1 条 2 項・3 項。

＊78　個人情報保護法 144 条。

約では，「顛末報告義務」があるからです[80]。

寅山　「顛末報告義務」って何ですか？

トリ　準委任契約では，「受任者は，委任者の請求があるときは，いつでも委任事務の処理の状況を報告し，委任が終了した後は，遅滞なくその経過及び結果を報告しなければならない。」[81] とされています。ここでの「受任者」はカウンセラー，「委任者」はクライアント，「委任事務」はカウンセリング，にそれぞれ当たります。

寅山　すると，カウンセリングが終了したときに，顛末（＝経過や結果）を報告する義務がある，ということですね。

トリ　はい。たとえカルテは開示しないとしても，一切説明しないことは許されませんので，「効果がなかった」とのクライアントからの訴えについては，真摯に説明しなければなりません。

寅山　分かりました。カウンセリングは100％効果を保証するものではないことを，丁寧に説明してみます。

(6)　開示手続き

寅山　開示に応じる場合，プリントアウトして渡せばいいのですか？

トリ　どのような媒体で開示を受けるかは，本人が選択することができます[82]。通常は，プリントアウトして郵送するか，PDF にしてメールで送信するかのどちらかでしょう。

寅山　心理検査の結果など含めると結構な分量になるのですが，コピー代や郵便代くらいは，いただいてもかまわないですか？

トリ　はい。手数料を請求することはできますが，開示請求を妨害するような高額な手数料を設定することはできません[83]。コピー代なら 1 枚

＊79　民法 656 条。

＊80　準委任契約については，鳥飼康二（2021）『Q&A で学ぶカウンセラー・研修講師のための法律』誠信書房，55 頁を参照ください。

＊81　民法 645 条。

＊82　個人情報保護法 33 条 1 項。

＊83　個人情報保護法 38 条。

10 ～ 100 円程度でしょうか。

[寅山] ギクッ，1 枚 500 円に設定しようと思いましたが，50 円にしておきます。

[トリ] もう一つ，プライバシーポリシーのところでも説明しましたが，開示手続きは公表義務事項です。なので，公表に関して具体的な内容が定まっていなくても，問い合わせがあったときには，開示方法や料金を遅滞なく回答しなければなりません。

[寅山] はい。マニュアルや申請書式は作成していないので，個別に回答するようにします。あと，C さんからの「開示してもらった後，私の個人情報が他人のところに残っているのが嫌なので，全部消去してもらって，消去した証拠を出してもらえますか？」とのリクエストには，どう対処したらよいでしょうか？

[トリ] 個人情報取扱事業者は，不要になった個人データを消去する努力義務があります[84]。ただ，すぐに資料を消去してしまって，後日，何らかのトラブルが発生した場合，手元に資料がないと対応できないこともあるでしょうから，「カウンセリング終了後〇年間は保管する」という内規を作っておいて，それに従って対処すればよいでしょう。

[寅山] そうですよね，C さんが悪い人とは思わないのですが，慎重に対処したいので，直ちに消去するのは躊躇します。あと，消去した証拠はどうやって提示したらよいでしょうか？

[トリ] 証拠を出すといっても実際には難しいので，たとえば「紙の情報はシュレッダーでしました。パソコン上のデータはすべて削除しました。パソコンを廃棄するときは，専門業者に依頼してデータが復元できないように処理しています」などと，丁寧に説明するしかないでしょう。

---

*84 個人情報保護法 22 条。

(7)　本人が未成年者で親権者から開示請求された場合
親が子どものカルテを見たいと言ってきた!!

　寅山さんは，未成年のDさん
のカウンセリングを半年間続け
ています。最初の面談時にはD
さんの両親も同席しましたが，
その後の面談は，Dさん一人で
カウンセリングルームを訪れて
います。毎回の料金は，親が支
払っています。

　Dさんはカウンセリングの中
で，「親には絶対に言わないでください」と前置きしたうえで，両親が嫌い
であること，自傷行為をしていること，捕まっていないけれど万引きを繰り
返していることを，寅山さんへ告げました。

　今月の予約日，Dさんは連絡なく欠席しました。その翌日，Dさんの父親
から，「カウンセリングを解約します。Dがカウンセリングで何を話したの
か教えてください」とメールがありました。

|寅山|　実はDさんは，「親には言いたくない」という悩みをたくさん語っ
　　　ていて，それをカルテにメモしてあるのですが・・・。この内容を
　　　両親へ教えると，親子関係に影響が出そうです。どうしたらよいので
　　　しょうか？

|トリ|　ここでは，父親からの「教えてください」との申し入れを，①第三
　　　者提供と考えるか，②代理人による開示請求と考えるか，という視点
　　　で考えてみましょう。

|寅山|　①第三者提供の視点では，親子であっても個人情報の観点からは
　　　「第三者」になるわけですね。

|トリ|　そのとおり！　原則として，本人（Dさん）の同意がなければ，D
　　　さんのカルテの内容（個人データ）を両親へ教えることはできませ
　　　ん。ただ，前にも説明しましたように，Dさんの生命や身体を守るた

めに必要であれば，第三者提供の例外として，同意がなくても両親へ
教えることは可能です[85]。はたしてDさんの生命や身体に危険が迫っ
ているのか，両親に尋ねてみる必要がありますね。そのうえで，第三
者提供の例外に当たるか判断してみてください。また，児童生徒（D
さん）の健全な育成という観点から必要があれば，第三者提供の例外
として，同意がなくても両親へ教えることは可能です。

寅山 もう一つの「②代理人による開示請求」とは，どのような視点で
しょうか？

トリ 保有個人データの開示は，本人に代わって代理人によって請求する
こともできます[86]。その場合，委任状に，代理権を与える事項[87]と
して「寅山カウンセラーとの間のカウンセリングに関する私の個人
データの開示請求を，親権者である○○へ委任します」などと記載し
てもらって，Dさん本人の署名捺印してもらってください。

寅山 Dさんが「親には絶対に言わないでください」と言っていたのは，
どう解釈したらよいですか？

トリ **【Point!】開示請求の委任状にDさんがサインしているのであれば，
考え直して開示に同意したということになります。ただ，カウンセ
ラー側の判断として，たとえDさんが同意していたとしても，開示す
るとDさん自身や親子関係に深刻な悪影響が生じると考えるのであれ
ば，以前説明した「本人又は第三者の生命，身体，財産その他の権利
利益を害するおそれがある場合」[88]に該当するとして，開示請求を
拒むことができます[89]。**

寅山 なるほど！　カルテをよく読み返して，じっくり検討してみます
ね。

＊85　個人情報保護法27条1項2号。
＊86　個人情報保護法37条3項。
＊87　「通則ガイドライン」の141頁参照。
＊88　個人情報保護法33条2項1号。
＊89　「医療ガイダンスQA」の各論Q4-3参照。

(8)　遺族から開示請求された場合

遺族から相談内容を教えてほしいと言われた‼

　寅山さんは，ボランティアで電話相談の相談員も務めています。ある相談者（匿名）から，事業に失敗したとの悩み，と希死念慮を訴える相談がありました。寅山さんは傾聴しながら丁寧に対応しました。

　数週間後，主催者側に，この匿名相談者の長男と名乗る人物から，「うちの父が自ら命を絶ちました。父の携帯電話を見たらおたくに発信履歴がありました。父が何を話していたのか教えてください」と電話がありました。

|寅山|　トリさん，どうしたらよいでしょうか・・・。

トリ　心理職をやっていると，避けられない場面ですね。考えなければならないことはたくさんありますが，まず，法的観点から整理してみましょう。

■解説──法的観点

* 個人情報は，生存している個人のみが対象です（本章，3.(1) 参照）。
* 匿名で個人を識別できなれば，個人情報ではありません。
* （仮に個人情報に当たるとしても）走り書きメモや録音記録などは，「保有個人データ」に当たらず，個人情報保護法による開示対象となりません（本章，10.(2) 参照）。
* （仮に「保有個人データ」に当たるとしても）開示すると誰かの生命，身体などを害するおそれがある場合には，開示を拒否できます[90]。
* 相談員は，カウンセリングの善管注意義務の一環として，正当な理由なく相談内容を第三者へ漏らさないという守秘義務を負っています。
* 相談規約によって，開示しないと定めることも可能です（本章，10.(4) 参照）。
* ちなみに，医療分野では，遺族からの開示請求に応じる運用になって

---

[90]　個人情報保護法 33 条 2 項。

います。厚生労働省の「診療情報の提供等に関する指針」＊91 による
と，「医療従事者等は，患者が死亡した際には遅滞なく，遺族に対し
て，死亡に至るまでの診療経過，死亡原因等についての診療情報を提供
しなければならない」「遺族に対する診療情報の提供に当たっては，患
者本人の生前の意思，名誉等を十分に尊重することが必要である」とさ
れています。一方，カウンセリングではそのような公的指針はありませ
ん。

＊ 難しい議論ですが，医療分野に倣って，カウンセリングでも遺族に対し
て顛末報告義務（前記10.（5）参照）を負うという考え方もありえま
す＊92。

寅山 なるほど，法律的な観点では，遺族へ開示しないことになりそうで
すね。ただ，医療分野に倣って，開示したほうが良いようにも思いま
すが・・・。

トリ そうですね。開示については，医療分野に倣うかどうか，検討が必
要ですね。医療分野のカルテの内容は，検査データなど客観的なもの
が多いでしょうから，ご本人も「親族に知られてもかまわない」と思
うかもしれません。ですが，カウンセリングの相談内容は主観的なも
のも多いでしょうから，ご本人としては，「親族に知られたくない」
と思う場合もあるでしょう。

＊ 91　https://www.mhlw.go.jp/shingi/2004/06/s0623-15m.html
＊ 92　医療分野の裁判例では，本人が亡くなったとしても，医師は遺族（相続人）に
　　　対して顛末報告義務を負うという結論を採るものがあります。その理論構成は，遺
　　　族は直接の契約相手でないとしても，信義則上，顛末報告義務を負うとするもの
　　　や，診療契約の付随的な義務とするもの，診療契約の地位を相続するとするものな
　　　どがあげられています（劍持淳子〈2009〉「医師の顛末報告義務」『判例タイムズ』
　　　1304号，35頁以下）。そうすると，医療と同じ契約類型（準委任契約）であるカウ
　　　ンセリングの場合でも，カウンセラーは遺族に対して，カウンセリングの経過や結
　　　果を報告する義務があると考えることもできます（明確な裁判例や学説があるわけ
　　　ではないので，あくまでひとつの見解です）。

寅山　うーん，悩ましいですね・・・。今回の相談者さんのお気持ちを想像すると，むしろ苦しみをご家族にも知ってほしいと思っていたように感じます。

トリ　そうですね，非常に悩ましい問題です。法的観点のほかに考慮すべき点も，いくつかあります。

　①遺族からすれば，開示を望むのは自然な感情でしょう。

　②相談員側が形式的な法律論で開示を拒否すると，「不都合な情報を隠蔽しようとしている」と遺族から不信感を持たれ，紛争に発展するおそれもあります。

　③亡くなった本人が，守秘義務があることを前提として希死念慮などを打ち明けているのであれば，安易にその期待を反故にすべきではありません。ただ，内容次第では，むしろ遺族にも苦悩を知ってほしいとも想像できます。

　④実際問題として，開示したとしても，「守秘義務違反だ」と問題視されるケースは稀でしょう。

　⑤開示してしまうと，「ここの団体は遺族に開示される」と思われて，将来，他の相談者が正直に気持ちを話せなくなるおそれ（カウンセリングの効果が低下するおそれ）があります。

寅山　あー，ますます悩ましくなってきました（汗）。

トリ　最後の点（将来のカウンセリングへの影響）は，遺族の方からすれば，「目の前に現に困っている遺族がいるのに，誰とも分からない将来の相談者の利益を優先するのか！」と思うことでしょう。

寅山　たしかに，自分が同じ立場だったらそう思うかもしれません・・・。

トリ　ここは，カウンセリングを主催している側の価値観や社会的責任が問われます。開示しないという選択をするときは，「たとえ目の前の遺族の方の助けにならないとしても，将来にわたって効果あるカウンセリングを提供することで，長い目で見て世の中の役に立つはず」という意思統一が必要でしょう。

寅山　うーん・・・私はどうしたらよいでしょうか・・・。形式論で

「法的観点から開示できません」とは対応したくないです。

トリ　唯一の正解があるわけではありませんが，遺族の方へ，たとえば次のように対応[93]してはいかがでしょうか？

①利用規約を示して，原則として開示できないこと，ご本人は守秘義務がある前提で相談していただいていること（ご本人の期待を反故にできないこと）を説明する。

②ただし，遺族の方の心情にも十分理解を示す。

③折衷案として，「事業のことで悩んでいました」など，相談概要のみ伝えることで，容赦していただく。

寅山　ありがとうございます。トリさんのアドバイスを参考にして，ご本人とご遺族の思いを尊重して，真摯に対応します。

(9)　その他の請求権

トリ　開示請求の他にも，本人にはいくつかの請求権があります。まず，個人情報取扱事業者が保有している個人データが事実と異なる場合，本人は個人情報取扱事業者に対して，「訂正」や「追加」や「削除」するよう請求できます[94]。

寅山　たしかに，間違ったままでは気持ち悪いですし，何か不利益が生じたら困りますよね。

トリ　次に，個人データの利用を停止するか，個人データを消去するよう請求する権利があります。これはたくさんあるので，チャットで送りますね。

---

[93]　この対応内容は，どのようなケースでも当てはまるものではありませんので，あくまで参考としてとらえてください。仮に相談内容が「親族との確執」であった場合，開示しないという選択も十分あり得ます。相談内容にかかわらず守秘義務を貫徹することも，間違いではありません。

[94]　個人情報保護法34条1項。

■**解説**──個人情報取扱事業者が保有している個人データの利用停止・消
　　　　　去を要求できるケース

①利用目的を超えて利用されている場合，本人は個人情報取扱事業者に対
　して，その利用を停止することや，データを消去することを請求できま
　す[95]。

②違法または不当な行為を助長したり，誘発したりするおそれがある方法
　で利用されている場合，本人は個人情報取扱事業者に対して，その利用
　を停止することや，データを消去することを請求できます[96]。

③偽りその他不正の手段により取得された場合，本人は個人情報取扱事業
　者に対して，その利用を停止することや，データを消去することを請求
　できます[97]。

④本人の同意を得ずに第三者へ提供されている場合，本人は個人情報取扱
　事業者に対して，第三者への提供を停止することを請求できます[98]。

⑤利用する必要がなくなった場合，本人は個人情報取扱事業者に対して，
　利用停止，データ消去，第三者への提供停止を請求できます[99]。

⑥本人の権利または正当な利益が害されるおそれがある場合，本人は個人
　情報取扱事業者に対して，利用停止，データ消去，第三者への提供停止
　を請求できます[100]。

寅山　①〜④は何となくイメージできるのですが，⑤利用する必要がなく
　　　なったとは，どんな場合でしょうか？

トリ　　たとえば企業の採用活動で，企業側は応募者のさまざまな個人情報
　　　を取得しますが，不採用になった場合は，不採用者の個人情報を利用

＊95　個人情報保護法 35 条 1 項。
＊96　個人情報保護法 35 条 1 項。
＊97　個人情報保護法 35 条 1 項。
＊98　個人情報保護法 35 条 3 項。
＊99　個人情報保護法 35 条 5 項。
＊100　個人情報保護法 35 条 5 項。

する必要はなくなりますよね。

寅山　私も，不採用になったら気分悪いですから，すぐに利用停止を請求
　　したいですね。

トリ　ただし，後になって，採用活動について何らかのクレームが出る場
　　合もあるでしょうから，不採用になれば直ちに「利用する必要はな
　　い」とも言えません。そのため，当面の間（1～2年くらいでしょう
　　か）は，利用停止の請求が来ても，断ることができます*101。

寅山　なるほど。では，⑥本人の権利または正当な利益が害されるおそれ
　　とは，どんな場合でしょうか？

トリ　これは幅広い概念なので，いくつかのケースが考えられます。たと
　　えば，業者から広告メールが届くとき，送信を止めてくださいと返信
　　したにもかかわらず，依然として広告メールが届くケースです。止め
　　てと申し入れてもメールが届く場合，もはや迷惑メールとなりますの
　　で，「本人の権利または正当な利益が害されるおそれ」に該当しま
　　す*102。他にも，会社のWEBサイトに役員や従業員の氏名を掲載し
　　ていて，その役員や従業員が辞めた後も，掲載され続けているケース
　　を考えてみましょう。この場合，事実と異なる情報が公開されている
　　わけですし，何らかのトラブルに発展する可能性もあるので，「本人
　　の権利または正当な利益が害されるおそれ」に該当します*103。

寅山　個人情報保護法は，個人情報を守るための法律ですから，本人に不
　　利益が生じそうな場合は，利用停止を請求できるというわけですね。

＊101　その他の事例として，「通則ガイドライン」の134頁では，「キャンペーンの懸
　　　賞品送付のために個人情報取扱事業者が保有していた当該キャンペーンの応募者の
　　　情報について，懸賞品の発送が終わり，不着対応等のための合理的な期間が経過し
　　　た後に，本人が利用停止等を請求した場合」なども例示されています。

＊102　「通則QA」のQ9-21参照。

＊103　その他の事例として，「通則ガイドライン」の135頁では，「個人情報取扱事業
　　　者が，安全管理措置を十分に講じておらず，本人を識別する保有個人データが漏え
　　　い等するおそれがあることから，本人が利用停止等を請求する場合」なども例示さ
　　　れています。

第2章 個人情報保護法の応用 ──組織内対応

1. 要配慮個人情報

医療分野独特の個人情報の扱い方って何？

　ボクジョウ病院はアナログな病院で，情報化が課題となっています。

　ソーシャルワーカーの牛川さんは，今月から，医事課内で個人情報を担当する部署に異動となりました。異動早々上司から，「医療分野では，通常の個人情報とは違う取り扱いが必要なんですよ。聞いたことあります？」とドヤ顔で質問されました。即答できなかった牛川さんは，インターネットで調べてみたところ，「要配慮個人情報」という用語があることを知りましたが，なんだかよく分かりませんでした。

牛川　トリさんお久しぶりです！　このあいだ寅山さんから聞いたのですが，ドーナツをご馳走したら個人情報のレッスンが受けられるって，本当ですか？　実は今，ちょっと困ってて・・・。

トリ　はい，本当ですよ！

牛川　良かった‼　それでは早速，お願いします！「要配慮個人情報」ってありますよね。あれは病院で扱う情報のことですか？

トリ　病院に限るわけではありませんが，医療や介護の現場ではよく登場しますね。要配慮個人情報は個人情報の一種なので，「特定の個人を

識別できること」が前提ですが，その中でも，人種，信条，社会的身分，病歴，犯罪の経歴[*1]，犯罪被害など，差別や偏見が生じないよう取り扱いに特に配慮を要する情報のことです[*2]。牛川さんたちに一番関係するのは，病歴ですね。

(1) 病歴とは

牛川 病歴というと，既往症のことでしょうか？

トリ 【Point!】既往症に限りませんよ。現在治療中の病気も含まれます。一般的な疾病や怪我のほか，

- ・身体障害，知的障害，精神障害（発達障害含む）に関する情報。
- ・医師による指導，診察，処方の内容（カルテ）。
- ・健康診断，遺伝子検査，ストレスチェックの結果。
- ・医師以外の医療従事者が知り得た情報。

も含まれます[*3]。

牛川 なるほど。医療現場のすべての患者さん情報，と考えておけばいいのですね。ところで，「要配慮」と付くくらいですから，要配慮個人情報になると，通常の個人情報とは扱いが変わるのですか？

トリ はい。取得の際に，事前の同意が必要となります[*4]。紛らわしいので整理して説明しますね。

(2) 取得の際に事前同意が必要

トリ 通常の個人情報は，取得の際に利用目的の通知・公表は必要ですが（第1章5.(1) 参照），同意までは不要です。一方，**要配慮個人情報は，取得の際に，利用目的の通知・公表だけでなく，「そもそも取得**

---

*1 有罪判決を受けたこと（前科）だけでなく，本人を被疑者または被告人として，逮捕，捜索，差押え，勾留，公訴の提起された事実も含みます（個人情報保護法律施行令第2条）。

*2 個人情報保護法2条3項。

*3 「医療ガイダンスQA」の総論 Q2-4 参照。

*4 個人情報保護法20条2項。

してもいいですか？」と同意を取る必要があります。

牛川　え?!　そうだったのですか？　うちの病院では，利用目的[*5]は院内掲示や WEB 上で掲げていますけど，問診のとき患者さんから同意までは取っていませんでした（汗）。

トリ　はい。多くの病院では，わざわざ問診のときに患者さんから同意書を取ったりしないでしょうが，それは問題ありません。なぜ問題ないかというと，問診で患者さん自ら既往症や障害を告げる場合は，事前の同意があったと考えられるからです。

牛川　言われてみたらそうですよね。ということは，病院では，取得の際に事前の同意が問題になる場面はないのでしょうか？

トリ　**【Point!】必ずしもそうではありません。たとえば，患者さんの家族から，患者さんの病歴を聴き出す（取得する）場合を考えてみてください。この場合，患者さん本人が同意していると決めつけてはいけません。**

牛川　そういう場面は実際にありますので，気をつけないといけないですね・・・。ただ，もし患者さんが意識不明だった場合でも，家族から病歴を聴き出してはいけないのですか？

トリ　そのような場合は，第三者提供の例外規定と同じく，「人の生命，身体又は財産の保護のために必要がある場合であって，本人の同意を得ることが困難であるとき」として，本人の同意がなくても家族から病歴を取得できることになります[*6]。

牛川　なるほど。病歴など，個人情報も大事だけど，患者さんの命が優先ということですね。

（3）　オプトアウトの禁止

トリ　要配慮個人情報はもう一つ特別な扱いがありますが，牛川さんにはあまり関係ないと思いますので，簡単に説明しますね。個人情報を第

＊5　「医療ガイダンス」の 32 頁参照。

＊6　個人情報保護法 20 条 2 項。

三者へ提供する方法に，「オプトアウト」というものがあります。これは，第三者提供について個別に同意を取るのではなく，①あらかじめ第三者提供の内容（項目や提供方法など）を公表する，②本人から申し入れがあれば第三者提供を停止する，③個人情報保護委員会に届け出る，という条件を満たして＊7，簡便に第三者提供する方法です。

牛川　インターネット上の個人情報だと，このような扱いで第三者提供される例も多いでしょうね。

トリ　はい。でも，業者側は便利なのですが，本人からしたら「えっ？　そんなところにまで第三者提供されているの？　知らなかった」というケースも多いでしょう。そこで要配慮個人情報では，このオプトアウトによる第三者提供が禁止されています。そのため，きちんと本人から同意を取る必要があります。

牛川　勉強になりました。カウンセリングでも病歴は扱いますから，要配慮個人情報の注意点，寅山さんにも伝えておきますね！

2. 名前の呼び出し等の注意

外来で患者さんを名前で呼び出すのはNG？

　牛川さんは，看護部門から個人情報について，以下の質問を受けました。
①外来受付で，マイクで患者さんの氏名を呼び出すのは問題ありませんか？
②病室の入り口に，入院患者さんの名札を掲示するのは問題ありませんか？
③電話で，入院患者さんの家族という人から病状の問い合わせがあった場合，回答してもかまいませんか？

牛川　トリさん，①～③は，個人情報の第三者提供の問題でしょうか？

トリ　①と②は微妙ですね。患者さんの氏名という個人情報を，結果として不特定多数の第三者が見たり聞いたりすることになりますが，これは「提供」とは言えないですね＊8。そのため，個人情報保護法の問

＊7　個人情報保護法27条2項。

題ではなく，プライバシーの問題となります。プライバシーの問題と
して考えると，氏名を呼ばれたり名札を貼られたりすると，病院に通
院したり入院していることが分かってしまいますよね。そして，病院
に通院や入院している事実は，プライバシーの定義（第 3 章 2. 参照）
に該当しますので，同意がなかったり正当な理由がない場合は，プラ
イバシーの侵害となります。

牛川　同意の取り方は，どうしたらよいのでしょうか？

トリ　個別に同意を取るのが大変であれば，院内掲示や WEB 上のプライ
バシーポリシーで，「当院では医療事故防止の為，外来診察時，館内
放送はフルネームで行い，病室の入り口には名前の提示をさせていた
だきます」などと公表しておくとよいでしょう。ただし，患者さんか
ら「受付で名前を呼び出すのをやめてほしい」「病室の入口に名札を
貼るのをやめてほしい」と申し出があった場合は，可能な範囲で配慮
すべきでしょう。

────────────

＊8　「通則ガイドライン」の 29 頁では，「提供」について，「自己以外の者が利用可能
　　な状態に置くことをいう。個人データ等が，物理的に提供されていない場合であっ
　　ても，ネットワーク等を利用することにより，個人データ等を利用できる状態にあ
　　れば（利用する権限が与えられていれば），『提供』に当たる」と説明しています。

牛川　知り合いの病院では，名前ではなく番号で呼び出していて，入院病棟では名札を掲示せず，名前が分かるリストバンドを着用してもらっているそうです。

トリ　そのように可能な範囲で配慮すべきですが，どうしても難しい場合，個人情報の第三者提供の例外規定である「人の生命，身体の保護のために必要がある場合」を準用して対処することになります。

牛川　うちの病院でも，検討しなければならないですね。

トリ　もう一つの，③家族からの問い合わせですが，これに答えることは，患者さんの個人情報の第三者提供に当たります。

牛川　ご家族であっても，「第三者」になるのですよね。

トリ　**【Point!】はい，そのとおりです。病気のことは家族にも秘密にしたいと思うことは，おかしなことではありません。そのため，患者さん本人に無断で家族に病状を教えることは，個人情報保護法違反となります。**

牛川　うちの病院では入院患者さんの場合，ご家族からの問い合わせに回答してよいか，事前に確認を取るようにしています。さらに，入院していること自体を問われたら，「はい」とも「いいえ」とも答えない運用になっています。

トリ　それが無難ですね。ただ，意識不明などで患者さんの意思確認が不可能な場合，先ほど同じく，第三者提供の例外規定で対処することになります。

牛川　名前を呼ぶことは，待合室がある大きなカウンセリングルームなら，該当しそうですね。ご家族からの問い合わせも，カウンセリングでもあり得そうです。今度，寅山さんに会うので，伝えておきますね！

3. 組織内での注意点

職員の個人情報を教えろと言われても・・・

　牛川さんのもとへは，さまざまな部署から個人情報についての問い合わせが寄せられています。

①人事部からは，「不採用になった人や退職した人から，『履歴書は個人情報なので返してください』と求められた場合，返却しなければならないのでしょうか？」。

②看護部長からは，「看護師の給与一覧と住所一覧を出してもらえますか？」。

③同じく看護部長より，「本来アクセス権限がない職員が電子カルテにアクセスして覗き見した場合，どんな問題がありますか？」。

（1）　履歴書返却

[牛川]　履歴書には個人情報が満載ですので，人事部門も取り扱いには十分注意しているでしょうが，これって本人に返さないといけないのでしょうか？

[トリ]　実は，個人情報保護法には，「返却」を義務づける規定はありません*⁹。ただし，病院側の判断で任意に返却すること自体はかまいま

せん。また，個人情報取扱事業者には，不要になった個人データを消去する努力義務がありますので*10，何かトラブルになった場合に備えて，たとえば不採用になってから1年間は保管しておいて，それが経過したら廃棄処分する，という運用をとることが望ましいでしょう。

牛川　漏(ろう)えいのリスクを考えると，不要になった個人情報はいつまでも保管しておかないほうが無難，ということですね。

(2)　従業員の個人情報のぞき見

トリ　部長が部下の給与と住所の一覧を見たいというのは，何が問題だと思いますか？

牛川　うーん，看護師の個人情報の取り扱いですよね。ただ，具体的に何が問題か分かりません（汗）。

トリ　看護部長さんが求めている給与や住所は，看護師さんたちの個人情報ですよね。【Point!】**個人情報取扱事業者は，お客さん（患者さん）だけでなく，従業員（看護師さん）に対しても個人情報保護法上の義務を負います***11。

牛川　同じ組織内での利用であれば，第三者提供には当たらないと聞いたことがありますが？（第1章7.(1)参照）

トリ　【Point!】**それはあくまで利用目的の範囲内，との前提です。同じ組織内とはいえ，利用目的の範囲外の場合，本人の同意なく個人情報を渡すことはできません。**

牛川　そうすると，看護部長がどういう目的で看護師の給与や住所を知りたがっているか，ということが問題ですね。

トリ　はい。単なる興味本位であれば当然，利用目的の範囲外となります。上司として指導するためとはいっても，給与や住所を知る必要が

＊9　「通則QA」のQ9-20参照。

＊10　個人情報保護法22条。

＊11　「通則QA」のQ1-20参照。

あるかどうかは疑問ですね。また，病院長や理事長など組織のトップ
は，業務執行全体に責任を負っているため，従業員の給与や住所など
個人情報を知る立場にありますが，「新しく入ってきた○○さんのこ
とが気になる」といった個人的感情のために，人事部門に命じて従業
員の個人情報を提出させる行為も違法（目的外利用）です[*12]。

(3)　不正アクセス

トリ　不正アクセスについては，対外的（刑事，民事）にも対内的にも，
大いに問題があります。まず，刑事罰の観点ですが，アクセス権限が
ないにもかかわらず，他人の ID やパスワードを勝手に使ってシステ
ムにアクセスする行為は，不正アクセス禁止法によって，3 年以下の
懲役または 100 万円以下の罰金に処せられます[*13]。

牛川　立派な犯罪なのですね（汗）。

トリ　**【Point!】はい。刑事罰だけでなく，民事賠償の問題もあります。
たとえば，不正アクセスによって個人情報が流出して，何らかの損害
が生じた場合，不正アクセスを犯した本人はもちろんですが，雇い主
である病院側も，使用者責任[*14]として連帯して賠償責任を負います。**

牛川　なるほど，組織としても責任を問われるのですね。内部ではどのよ
うな処分があり得ますか？

トリ　就業規則に従って，懲戒処分の対象となりますね。不正アクセスし
た個人情報を業者に売却しようとしていたなど悪質な場合は，懲戒解
雇もあり得ます。

牛川　いろいろな観点から厳しく責任を問われるのですね。看護部長と人
事部門には危機意識を伝えます。ところで，アクセス権限がある医師
から，「代わりにカルテを見て確認してください」と依頼されて，そ
の医師から ID とパスワードを教えてもらってアクセスした場合でも

＊12　場合によってはセクハラに該当します。
＊13　不正アクセス禁止法 3 条，11 条。
＊14　民法 715 条 1 項。

ダメなのですか？

トリ　その場合は罰せられません。不正アクセス禁止法では，「利用権者の承諾を得てするものを除く」とされています。ただ，安易に ID やパスワードを教えて代行させることは，避けたほうがよいですね。漏えいなどの安全管理措置の観点から，医師が体調不良であったり緊急事態であったり，やむを得ない事情がある場合に限るべきでしょう。

牛川　了解です！　その点も看護部長と人事部門に伝えます!!

4. 外部との関係

症例検討会などでケースを外部に出すときは？

　牛川さんは，医局部門から個人情報について，以下の質問を受けました。

①検査を外部業者へ委託したり，検査データの入力作業を外部の業者へ委託するとき，どんな点に注意が必要ですか？

②珍しい症例を学会で発表したい場合，どのような手続きが必要ですか？

③病院に所属している医師や臨床心理士と症例検討会を行う場合，どのような点に注意したらよいでしょうか？

（1）外部委託

トリ　まず，利用目的に，具体的な業者委託内容を記載しておく必要があります。院内掲示やプライバシーポリシーで，「患者様に提供する医

療サービスのうち□□検査業務の委託（データ入力作業を含む）」などと公表しておきましょう。また，委託先の業者名を公表すべきかについては，提供先を個別に明示することまでが求められるわけではありませんが，想定される提供先の範囲や属性を示すことは望ましい，とされています[*15]。このように，公表が義務づけられているわけではありませんが，患者さんの関心が高い分野については，委託先の事業者名を公表することも考えられます[*16]。

牛川　はい，プライバシーポリシーをチェックしておきます。ところで，外部業者に委託する場合は第三者提供なので，患者さん本人の同意が必要なのではないですか？

トリ　**【Point!】いいところに気がつきましたね！　結論からいうと，同意は不要です。利用目的の達成に必要な範囲内において，個人データの取扱業務を委託する場合，第三者提供には該当しないとされています**[*17]。

牛川　うーん。病院側にとっては負担が少なくて済むのですが，何だか腑に落ちないような・・・。どういう理由から，第三者提供に該当しないとされているのですか？

トリ　たとえば，血液検査は，本来は病院内で実施してもよいわけですよね。それを専門の外部業者に委託するということは，まったくの第三者に情報提供するというよりも，「自分の手足の延長として利用する」というイメージなので，第三者提供として扱わない，ということです[*18]。

牛川　なるほど！　病院側で注意すべき点はありますか？

トリ　**【Point!】第三者提供に当たらないとしても，委託先に対する監督**

---

*15　「通則QA」のQ7-9参照。
*16　「医療ガイダンスQA」の各論Q3-4参照。
*17　個人情報保護法27条5項1号。
*18　「通則ガイドライン」の78頁では，「形式的には第三者に該当するものの，本人との関係において提供主体である個人情報取扱事業者と一体のものとして取り扱うことに合理性があるため」と説明されています。

責任[*19]を負います。具体的には，①外部業者はきちんと個人情報を管理している業者を選ぶ，②しっかりと秘密保持契約を交わす，③契約後も定期的に個人情報を適切に扱っているか問い合わせて確認する，④問題がありそうであれば改善を指示する，ということです。

(2) 外部発表

トリ まず，患者さん本人に説明して，同意を取ることが考えられます。どのデータ（個人情報）を，どのような目的で，どのような形態で，どこで発表するかなど，詳しく説明する必要があります。

牛川 匿名化した場合はどうなりますか？

トリ **【Point!】氏名，生年月日，住所などを削除して，他の情報と照合しても容易に個人が特定できなくすれば（匿名化すれば），同意は不要です[*20]。また，特定の個人が識別できない統計情報（複数人の情報から共通要素にかかる項目を抽出して，同じ分類ごとに集計して得られる情報）も，個人情報に該当しません[*21]。**元となる個人情報を取得する際にも，個人情報ではなくなる方法（匿名化や統計情報）で利用することを通知しなくてもよいとされていますが[*22]，慎重に対処するためには，通知するに越したことはありません。一方，学会発表や学術雑誌に投稿した場合は，学会や所属組織の倫理規定にも注意して，その規定に従ってください。

牛川 研究目的の場合は特例があると聞いたことがありますが，本当ですか？

トリ はい。大学などの学術研究機関[*23]の場合，個人情報保護法が適用除外となることがあります[*24]。個人情報の目的外利用[*25]，要配慮個

＊19　個人情報保護法25条。

＊20　飯田修平編著（2020）『医療・介護における個人情報保護Q＆A（第2版）』じほう，83頁。

＊21　「通則QA」のQ1-17参照。

＊22　「通則QA」のQ2-5参照。

人情報の取得[*26]，第三者提供[*27]については，個人の権利利益を不当に侵害するおそがある場合を除いて，制限を受けません。ただし，所属組織の規定が別にある場合は，それにも注意してください。

(3)　院内症例検討会

トリ　患者さんの治療方針を検討する目的であれば，患者さんの氏名は伏せなくてもかまいません。治療のためということであれば，一般的な利用目的の範囲内になりますし，同じ組織内なので第三者提供には該当しません[*28]。

牛川　検討会には，研修医や新人の臨床心理士さんも参加すると聞きましたが，その場合でも同じでしょうか？

トリ　**【Point!】教育や研修目的で，それを利用目的に掲げていない場合は，目的外利用となってしまいますので，注意が必要です（患者さん本人の同意を取るか，匿名化する必要があります）。また，利用目的に掲げていたとしても，教育や研修目的であれば患者さんの氏名をあえて出す必要はないので，無用な漏えいリスクを減らす観点から，氏名は黒塗りにすることが望ましいでしょう[*29]。**ちなみに，要配慮個人情報であっても「仮名加工情報」[*30]にすれば，組織内で当初の利

＊23　個人情報保護法でいう「学術研究機関等」とは，「大学その他の学術研究を目的とする機関若しくは団体又はそれらに属する者をいう」とされ，国立・私立大学，公益法人等の研究所等の学術研究を主たる目的として活動する機関や学会，国立・私立大学の教員，公益法人等の研究所の研究員，学会の会員が該当します。民間団体付属の研究機関等における研究活動についても，当該機関が学術研究を主たる目的とするものである場合には，「学術研究機関等」に該当します（「通則ガイドライン」の29頁参照）。

＊24　ただし，「この法律の規定を遵守するとともに，その適正を確保するために必要な措置を自ら講じ，かつ，当該措置の内容を公表するよう努めなければならない」（個人情報保護法59条）とされています。

＊25　個人情報保護法18条3項6号。

＊26　個人情報保護法20条2項5号。

＊27　個人情報保護法27条1項5号。

＊28　「医療ガイダンスQA」の各論Q4-8参照。

用目的を超えて利用可能となりますが[*31]，加工方法が細かく決まっていて複雑な制度ですので，気軽に使える方法ではありません。また，「匿名加工情報」[*32]にすれば組織外でも同意なく利用可能ですが[*33]，これも気軽に使える方法ではありません。

5. 訂正請求の意味

患者さんがカルテを直せと言ってきた！

牛川さんは，ある患者さんからカルテの開示請求を受けたため，カルテのコピーを渡しました。すると，後日，その患者さんから，「カルテに『○○障害の疑い』と書いてありますが，私はそんな病気ではありません」「カルテに

は『□□を説明した』と書いてありますが，私は説明を受けていません」「私の名誉に関わりますのでカルテを訂正してください」と，苦情の電話が入りました。牛川さんが担当医に問い合わせたところ，「ちゃんと説明しているし，『疑い』というのは確定診断でもないし・・・」と困惑していました。

牛川　トリさん，どうしたらよいでしょうか。訂正請求は本人の権利なのですよね？

トリ　はい。本人は個人情報取扱事業者に対して，個人情報を「訂正」するよう請求できます[*34]。

＊29　飯田修平編著（2020）『医療・介護における個人情報保護Q＆A（第2版）』じほう，83頁。

＊30　個人情報保護法2条5項。

＊31　「通則QA」のQ14-6参照。

＊32　個人情報保護法2条6項。

＊33　「通則QA」のQ15-10参照。

牛川　それでは，患者さんの言うとおりに訂正しなければならないのでしょうか？

トリ　【Point!】いいえ。この訂正請求は，「**私の言うとおりに訂正してください**」という権利ではありません。あくまで「**客観的な事実と異なる内容について，訂正してください**」という権利です[*35]。

牛川　客観的な事実と異なるというのは，たとえば，生年月日や既往症でしょうか。

トリ　はい，そうです。一方，カルテ内の医師の見立て（評価）は，客観的な事実ではないので，訂正の対象外です[*36]。そのため，「○○障害の疑い」というのは，その時点では確定診断ではなく，あくまで「現時点での情報をもとに判断すると○○障害の可能性は捨てきれない」という趣旨であれば，訂正の対象外となります。

牛川　その後に検査を重ねて，「○○障害」ではないことが確定した場合はどうですか？

トリ　その場合は，確定した時点で「○○障害ではなかった」との記載をしておけばよいのです。過去の記載は，あくまでその時点での見立てですので，結果として誤りであったとしても，その記載まで遡って訂正する必要はありません。また，説明についても，担当医が間違いなく説明したというのであれば，その旨伝えるしかありません。いずれにせよ，訂正しない場合は，その旨を本人に遅滞なく通知しなければなりません[*37]。

牛川　分かりました。患者さんにはそのように丁寧に伝えます。面倒だからといって，言いなりに訂正してはいけないのですね。

トリ　はい。万が一，大きなトラブルに発展した場合に備えて，苦情があったこと，調査した結果病院側としては訂正する必要がないと考え

＊34　個人情報保護法34条1項。
＊35　「通則QA」のQ9-19参照。
＊36　「医療ガイダンス」の74頁参照。
＊37　個人情報保護法34条3項。

たこと，そのように伝えたことなど，やり取りを細かくカルテに記載
しておきましょう。

牛川　了解です！

6. 個人情報の漏えい

院長のパソコンがハッキングされた?!

　ボクジョウ病院では大きなプ
ロジェクト（○○省の助成金事
業）が進行中で，不祥事発生に
敏感になっています。ある日，
牛川さんが出勤してみると，馬
沢院長が血相変えて相談に来ま
した。

院長：出張の合間に仕事しよう
　　　と思って，ノートパソコ
　　　ンをカバンに入れて持ち
　　　歩いてたんだけど・・・。昨夜，電車の中にカバンを忘れてしまっ
　　　たんですよ・・・。
牛川：ええええー!!!!　ノートパソコンにパスワードをかけていましたか?!
院長：イチイチ面倒だからパスワードは解除してて（汗）。

　牛川さんは事務長の羊田さんに相談して，鉄道会社の落し物センターへ問
い合わせましたが，カバンは届いていませんでした。翌日，牛川さんが出勤
してみると，パソコンの調子が悪く，なかなか起動しませんでした。ようや
く起動させてみると，患者さんの電子カルテ情報が含まれている院内ネット
ワークのデータが，いくつか消失していることに気がつきました。嫌な予感
がした牛川さんは，システム管理を委託している業者に連絡して，診断して
もらいました。
　1週間後，業者から診断結果について連絡がありました。「どうやら，外部

から侵入があったようです」「消失しているデータは，何とか復旧できそう
です」「電子カルテのデータを盗まれた可能性がありますが，どのデータが
盗まれたか判別不能です（盗まれたデータはゼロかもしれませんし，全部か
もしれません）」。牛川さんは羊田さんに事の顛末を報告して，対応策を相談
しました。

羊田：うーん，困ったな（汗）。今は大事な時期で，不祥事は困るんだよ
　　　ね・・・。盗まれた患者さんのデータ，ゼロかもしれないんだよね？
　　　だったら，誰かから問い合わせが来るまで，公表しなくていいんじゃ
　　　ないかな・・・。
牛川：えっ？　でも，もし患者さん全員のデータが盗まれていたら，大変な
　　　ことですよ！　そんな暢気(のんき)なことでいいのですか？
羊田：こんなときのための対応マニュアルなんて作ってなかったから，困っ
　　　たな・・・。
牛川：知り合いに弁護士さんがいるので，相談してもいいですか？
羊田：それはぜひ‼　緊急事態だから助かります！

[牛川]　トリさん！　急に相談をお願いしてすみません‼　何個でもドー
　　　ナツをご馳走しますので，助けてください（涙）。
[トリ]　大変なことになりましたね。
[牛川]　まず，何をしなければならないのでしょうか？　事務長は「盗まれ
　　　ていない可能性もあるから，実際に問い合わせがあるまで公表しなく
　　　てもいい」なんて言ってますが・・・。

(1) 漏えいが生じた場合の基本的な対応

トリ 漏えいが生じた場合，次のような対応を取る必要があります[*38]。

(1) 事業者内部における報告および被害の拡大防止

(2) 事実関係の調査および原因の究明

(3) 影響範囲の特定

(4) 再発防止策検討および実施

(5) 個人情報保護委員会への報告および本人への通知

　このうち (1) ～ (3) は，組織の上層部や専門業者と連携して実施するイメージがつくと思いますので，(4) と (5) について説明しますね。また，責任問題についても説明します。

(2) 通知報告義務

トリ 【Point!】個人情報取扱事業者は以下の事態が発生した場合，本人へ通知して，個人情報保護委員会へ報告しなければなりません[*39]。

①要配慮個人情報が含まれる個人データの漏えい[*40]，滅失，毀損が発生したおそれ。

②不正に利用されることにより財産的被害が生じるおそれがある，個人データの漏えい等が発生したおそれ。

③不正の目的をもって行われたおそれがある，個人データの漏えい等が発生したおそれ。

④1,000 人を超える漏えい等が発生したおそれ。

　このうち，①と④は分かると思いますが，②の例としては，クレジットカード情報が漏えいした場合です。③の例としては，外部から

＊38 「通則ガイドライン」の 56 ～ 57 頁参照。

＊39 個人情報保護法 26 条。

＊40 「漏えい」には，意図的に個人データを盗まれた場合だけなく，個人データを含むメールを第三者に誤送信した場合，システムの設定ミス等によりインターネット上で個人データの閲覧が可能な状態となっていた場合も含まれます。ただし，個人データを第三者に閲覧されないうちに，すべてを回収した場合は，漏えいに該当しません（「通則ガイドライン」の 55 頁参照）。

の不正アクセスがあった場合や，内部の従業員が不正に個人データを持ち出した場合です。牛川さんの病院で起こったケースは，①と③と④に該当しますね。

牛川　「発生したおそれ」というのは，どういうことでしょうか？

トリ　【Point!】漏えいしたことが確実でなかったとしても，その可能性があれば，通知・報告しなければならないということです[*41]。

牛川　そうすると，業者から「ゼロかもしれないし，全部かもしれない」と言われた場合，「おそれ」があるということですね。具体的に，通知や報告はどうしたらよいでしょうか？

トリ　詳しくは，個人情報保護委員会の WEB[*42] を見てもらうとして，簡単にまとめたものをチャットで送りますね。

◆**資料**──漏えい等報告・本人への通知の義務化について（個人情報保護委員会の Web ページより）

【報告】
・速やか（概ね 3 ～ 5 日以内）に，個人情報保護委員会への報告を行いましょう。
・漏えい等報告については，個人情報保護委員会のホームページ[*43] にて受け付けています。

【通知】
・当該事態の状況に応じて速やかに，概要，個人データの項目，原因などの内容を，本人にとって分かりやすい方法で行いましょう。
・（通知の方法の例）文書の郵送，電子メールの送信。
・本人への通知が困難な場合は，代替措置（ホームページ等での公

*41　個人データが入っている USB メモリを紛失し，どこで紛失したか分からない場合も，「漏えいのおそれ」に該当します（「通則 QA」の Q6-2 参照）。
*42　https://www.ppc.go.jp/news/kaiseihou_feature/roueitouhoukoku_gimuka/
*43　https://www.ppc.go.jp/personalinfo/legal/leakAction/

> 表，問合せ窓口の設置）を講ずることも可能。

牛川　ありがとうございます，助かります（涙）。個人情報保護委員会に
はすぐに報告します。通知は，悩ましいですね・・・。患者さんは
1,000人以上いますので，全員にすぐに文書を送るとなると大変で
す・・・。

トリ　まずは現時点での状況をWEB上で公表して，問い合わせ窓口を設
置して，調査を進めて，誰の個人情報が漏えいしたか確定した段階
で，個別に手紙を出したらどうでしょうか。「**通則ガイドライン**」*44
でも「**漏えい等のおそれが生じたものの，事案がほとんど判明してお
らず，その時点で本人に通知したとしても，本人がその権利利益を保
護するための措置を講じられる見込みがなく，かえって混乱が生じる
おそれがある場合**」には，**直ちに通知しなくてもよい**と説明されてい
ます。また，漏えい事件の具体的内容まで公表する義務はありません
が*45，社会的な影響を踏まえて，ケースバイケースで対応すべきで
すね。

牛川　はい，そのように病院に提案します！

（3）再発防止（安全管理措置）

牛川　トリさん，大きな問題が起きたとき，よく「再発防止策」を発表し
たりしますよね。今回もしっかり再発防止として，セキュリティ対策
を講じたいのですが，何から手を付けたらよいのか・・・。

トリ　こういう場合は，まず基本を確認して，現状で何が不足しているの
か分析したらよいですよ。

牛川　基本と言いますと？

トリ　【Point!】個人情報のセキュリティ対策（安全管理措置）の基本は，

＊44　「通則ガイドライン」65頁参照。
＊45　「通則QA」のQ6-30参照。

「通則ガイドライン」の「10（別添）講ずべき安全管理措置の内容」を確認してみてください。そこには，七つの視点（①基本方針の策定，②規律の整備，③組織的安全管理措置，④人的安全管理措置，⑤物理的安全管理措置，⑥技術的安全管理措置，⑦外的環境の把握）から，具体的な方法が例示されています。

牛川　なんだか難しそうな漢字が並んでいますが，大企業と中小企業では，同じセキュリティ対策は取れないのではないでしょうか？

トリ　はい。現実問題として，中小企業は大企業と同じ水準でセキュリティ対策は取れないので，大企業と比較して緩やかな方法でもかまわない，とされています。「通則ガイドライン」に挙げられている中小企業向け[*46]のセキュリティ対策が，「自己点検チェックリスト」になっていますので[*47]，それをメールで送りますね[*48]。

牛川　ありがとうございます。うわっ！　チェック項目って結構たくさんあるのですね・・・。でも，これを守っておけば，セキュリティ対策は問題なし，と考えてよいのですか？

トリ　【Point!】基本的に「通則ガイドライン」に挙げられているセキュリティ対策をしていれば，適切な措置を講じていたと評価されますが，100 ％安全とは言い切れず，責任を負う場合もあります[*49]。あくまで例示ですので，事業の種類，事業所の規模，技術の進歩などによって，講じるべきセキュリティ対策の内容は日々変化しているのです。

[*46]　「通則ガイドライン」の 162 頁では，「中小規模事業者」とは，「従業員の数が 100 人以下の個人情報取扱事業者をいう。ただし，その事業の用に供する個人情報データベース等を構成する個人情報によって識別される特定の個人の数の合計が過去 6 月以内のいずれかの日におい 5000 を超える者，委託を受けて個人データを取り扱う者を除く」とされています。

[*47]　https://www.ppc.go.jp/files/pdf/Self_assessment_checklist.pdf

[*48]　本書巻末の「参考資料」に，「中小企業向けセキュリティ対策チェックリスト」として掲載しています。参考になさってください。

[*49]　「通則 QA」の Q10-1 参照。

牛川 機械的にマニュアル的に対応していれば安心，というわけではないのですね。

トリ そうですね。特にカウンセラーや医療機関の場合，扱う個人情報が「要配慮個人情報」となりますので，機械的に中小企業向けのセキュリティ対策を採用せず，より高度なセキュリティ対策を積極的に採用することが望ましいと言えますね。「通則ガイドライン」でも，「安全管理措置を講ずるための具体的な手法については，個人データが漏えい等をした場合に本人が被る権利利益の侵害の大きさを考慮し，事業の規模及び性質，個人データの取扱状況（取り扱う個人データの性質及び量を含む。），個人データを記録した媒体の性質等に起因するリスクに応じて，必要かつ適切な内容とすべき」*50 と述べています。

牛川 教えていただいた「通則ガイドライン」の中小企業向けのセキュリティ対策のほかに，カウンセラーや医療従事者が参考になるようなマニュアルみたいなものはありますか？

トリ はい，いくつかありますよ。それぞれの特徴や一例については，まとめて後でメールで送るとして，タイトルだけ先にチャットで送りますね。

◆資料──セキュリティ対策の参考となる情報
・厚生労働省「医療情報システムの安全管理に関するガイドライン」〔第5.2版〕*51
・総務省「中小企業等担当者向けテレワークセキュリティの手引き・チェックリスト」〔第3版〕
・総務省「国民のためのサイバーセキュリティサイト」*52

＊50 「通則ガイドライン」の162頁参照。
＊51 https://www.mhlw.go.jp/stf/shingi/0000516275_00002.htm
＊52 https://www.soumu.go.jp/main_sosiki/cybersecurity/kokumin/intro/intro.html

（※巻末の「参考資料」参照）

（4）賠償責任

トリ　今説明しましたように，漏えいのおそれがある場合は通知報告義務を負いますが，賠償責任を負うかどうかは別問題ですので，別途検討が必要です。

牛川　えっ？　賠償責任は別問題なのですか？

トリ　【Point!】はい。結果が発生した場合に必ず責任を負うのではなく，**注意義務に違反した場合に責任を負うことになります。ここでの注意義務は，適切な安全管理措置**[*53]**を実施していたかどうか，と言い換えることができます。**たとえば，その時点で世界最高峰と評価されるセキュリティ対策を講じていたとしても，それを上回る技術で不正アクセスされた場合は，通知報告義務は負うけれども，安全管理の注意義務には違反していない，ということになります。

牛川　でも，院長が外部へ持ち出すノートパソコンにパスワードをかけなかったことは・・・注意義務違反ですよね・・・。

トリ　さすがに不注意過ぎますから，責任を負うことになりますね。

牛川　責任を負うということは，具体的にはどんな責任を負うのでしょうか？

トリ　責任の負い方には，刑事責任（罰則）と民事責任（賠償）があります。刑事責任は後で詳しく説明しますが，故意に個人情報を漏えいさせた場合には罰則があり，不注意で漏えいしてしまった場合には罰則はありません。

牛川　安心しました。院長が逮捕されたりしたら大騒ぎになります（汗）。

[*53]　「個人情報取扱事業者は，個人データの漏えい等，安全管理のために必要かつ適切な措置を講じなければならない」個人情報保護法 20 条。

(5) 賠償金額

トリ 一方，民事責任として，院長個人は被害者（漏えいした個人情報の持ち主）に対して，損害賠償責任[*54]を負います。そして病院（法人）も連帯して，被害者に対して損害賠償責任[*55]を負うことになります。ただし，今回のケースではまだ被害実態が分かりませんから，実際に賠償を実施するのはしばらく先，ということになりますね。

牛川 それなら，時間をかけて対応を検討したいです。賠償の中身について教えてもらえますか？

トリ 民事の賠償責任は，実害が生じた場合，その回復費用が賠償金額となります。

牛川 実害というと，たとえばどんな場合でしょうか？

トリ WEB上の個人情報が晒（さら）されてしまい，削除要請するために弁護士に頼んだ費用，などですね。

牛川 ということは，個人情報が漏えいしても，実際にWEB上で晒されたり実害が出なければ大丈夫，ということでしょうか？

トリ **【Point!】実害が生じていないとしても，自分の個人情報が漏えいしたら，不安に思いますよね。その不安に対する慰謝料を，賠償しなければなりません。**

牛川 たしかに，いつ誰に悪用されるか分からない，という不安はありますね。

トリ 牛川さん，大手教育産業のベネッセで，個人情報漏えい事件があったのをご存じでしょうか？

牛川 はい。何年か前，新聞やニュースで見ました。たしか，生徒や保護者の個人情報が流出したのですよね。

トリ はい，そのとおりです。それではここでクイズです。

[*54] 民法709条。
[*55] 民法715条1項。

トリさんのクイズタ～イム!!

氏名・生年月日・住所・電話番号などが漏えいした場合，裁判所が認める慰謝料はだいたい，いくらでしょうか？

実害ではなく，不安に対する慰謝料として考えてみてください。

① 1,000 円程度　　② 1 万円程度
③ 10 万円程度

牛川　う～ん。氏名・生年月日・住所・電話番号というと，基本的な個人情報ですよね。悪用されたら大変だし・・・。③ 10 万円でしょうか？

トリ　正解は，① 1,000 円程度です。

牛川　えっ！　そんなに低い金額なのですね！

トリ　はい。この金額には賛否両論あるでしょうが，これに限らず，一般的に慰謝料の金額というのは，皆さんが思っている以上に低い金額なのです。

牛川　でも，漏えいした個人情報の内容によっては，金額も変わるのですよね？

トリ　はい。医師が患者の個人情報（氏名，乳がんに関する情報，手術前後の写真）をノートパソコン上に複製して，そのノートパソコンを車の中に置いていたところ，車上荒らしの盗難に遭った。ノートパソコンにはパスワードロックがかけてある。盗難犯人から更に流出した事実は確認できないという事案で，裁判所は，30 万円の慰謝料を認めました（東京地裁平成 25 年 3 月 28 日判決）。

牛川　さっきのベネッセ事件と比べると，ずいぶんと高いですね。この違いはどうしてでしょうか？

トリ　それは，流出した個人情報がとりわけ秘密性の高い医療情報であったこと，個人情報を管理していた者が，医療情報を適切に管理するた

めの善管注意義務を負っている病院経営者であったことから高額の慰謝料となったが，もし写真に顔が映っていれば，慰謝料はさらに高額になっていた可能性がある，と指摘されています[*56]。

牛川　個人情報の内容によって金額が変わる，特に病歴は注意，ということですね。カウンセリングでも病歴を扱いますから，寅山さんにも伝えておきます。

トリ　ちなみに，このベネッセ事件の裁判例は，企業側の安全管理措置の在り方や慰謝料の金額についてとても参考になりますので，後で詳しい解説メールを送っておきますね[*57]。

(6)　罰　則

牛川　ところで，個人情報保護法にはたくさんの決まりごとがありますが，それに違反したら捕まるのですか？

トリ　いいえ，すべてのケースで捕まるわけではありませんよ。たとえば，利用目的を超えて個人情報を利用することは，個人情報保護法18条1項に違反しますが，これに違反した場合の罰則は定められていません。

牛川　えっ？　違反なのに罰せられないとは，どういう意味ですか？

トリ　個人情報保護法に限りませんが，法律に違反した場合でも，罰則が定められていないケースはたくさんあります。罰則というのは，罰金や懲役など，国家権力による強制罰ですから，むやみやたらに適用すべきではないのです。ただ，罰則がないからといっても，法律違反をした場合，行政指導を受けたり，民事で賠償責任を負ったりする可能性があります。

牛川　なるほど。では，個人情報保護法には罰則は一切ないのですか？

トリ　【Point!】個人情報保護法にも罰則はあります。大きく三つのケー

[*56]　山本龍彦（2022）「個人情報の管理」『医事法判例百選（第3版）』有斐閣，47頁。
[*57]　本書巻末の「参考資料」に，「ベネッセ事件の解説」として掲載していますので，参考になさってください。

スで罰則*58 が定められています。

①個人情報保護委員会からの是正命令に違反した場合（1 年以下の懲役または 100 万円以下の罰金，法人の場合は 1 億円以下の罰金）。

②個人情報保護委員会へ虚偽報告等をした場合（50 万円以下の罰金）。

③不正の利益を図る目的で個人情報データベース等を盗用，漏えいした場合（1 年以下の懲役または 50 万円以下の罰金，法人の場合は 1 億円以下の罰金）。

牛川　①の是正命令とは，どのような命令ですか？

トリ　たとえば，個人情報取扱事業者が，目的外利用や同意がない第三者提供など，個人情報保護法の規定に違反する行為をしている場合，個人情報保護委員会は必要な措置を講じるよう勧告を出すことができます*59。さらに，その勧告にも従わず，重大な権利侵害が生じていて緊急性がある場合，個人情報保護委員会は是正命令を出すことができます。この是正命令にも従わない場合，罰則が適用されるのです。

牛川　順を追って厳しくなるのですね。

トリ　【Point!】個人情報保護法違反⇒勧告⇒従わない⇒是正命令⇒従わない⇒罰則，という流れになりますので，細かい規定に違反したらすぐに罰則と考えなくても大丈夫です。ちなみに最近，本人の同意なく破産者の氏名や住所などの個人情報を公開している WEB サイトの運営事業者に対して，個人情報保護員会が勧告，是玲命令を経ても改善しないので刑事告発したと報じられました。

牛川　分かりました！　②の虚偽報告とは，どのような場面でしょうか？

トリ　個人情報保護委員会は，個人情報取扱事業者に対して，報告を求めたり立ち入り検査をする権限があります*60。その際，報告しなかったり，求められた資料を提出しなかったり，虚偽の報告をしたり，質問に答えなかったり，検査を妨害したような場合，罰せられることに

＊58　個人情報保護法第 8 章。
＊59　個人情報保護法 145 条 1 項。
＊60　個人情報保護法 143 条 1 項。

なります。

牛川　③の不正の利益を図る目的とは，たとえば会社から名簿を持ち出して売ることでしょうか？

トリ　はい。これはイメージしやすいと思います。

牛川　罰則のお話を聞いて，少し安心しました。うちの院長は，罰せられるわけではないのですね。

トリ　ただ，刑事罰が無いからといって，安心してはいけません。先ほども説明しましたように，院長個人と病院（法人）は，被害者（漏えいした個人情報の持ち主）に対して，民事上の損害賠償責任を負います。

牛川　そうですよね。安心してはいけないですよね。組織としても，院長に何か処分をしないといけないような気がしています。

トリ　はい。就業規則などの組織内規定に沿って，処分を検討することになりますね。たとえ院長という高い立場にいたとしても，やはりパスワードをかけずに，患者さんの個人情報が入ったノートパソコンを院外へ持ち出したというのは，問題視せざるを得ないでしょう。

（7）　社会的責任

牛川　そうすると今回の件は，刑事責任は問われず，民事責任を問われるとしても，いきなり病院が倒産するほどの賠償責任を負うわけではなさそうですね。法的責任のことを教えていただき，ひとまず安心しました。

トリ　ただ，現実的には，法的責任よりも，社会的責任のほうがダメージは大きいでしょうね。

牛川　えっ？　社会的責任といいますと？

トリ　明確に定義するのは難しいですが，社会からの信用や評判の低下の総称です。倫理的責任，道義的責任とも言い換えることができますね。たとえば，患者さんの個人情報が漏えいした，もしくは漏えいした可能性があるとなると，患者さんは不安になって病院を変えるかも

しれませんよね。また，社会的なバッシングに遭うかもしれせん。経営の観点からは，法的責任よりも，むしろ社会的責任のほうが重大とも言えるでしょう。

牛川　そうですよね。病院経営も患者さんからの信頼が第一です。上司や院長とも，社会的責任の果たし方について，しっかり議論します。

トリ　はい。不祥事が生じたときどのように振る舞うか，その組織の真価が問われます。

第3章 個人情報とプライバシーの相違

「私のことしゃべったな！」と言われても・・・

　相談員の熊猫さんが所属する SNS 相談の NPO 団体は，最近の若者の悩みについて，雑誌の取材を受けました。

　熊猫さんが代表して取材に応じ，ある SNS 相談のエピソード（コロナで大学に通えず孤独感が深まり，自殺も考えた）を紹介しました。後日，雑誌の記事に，そのエピソードが掲載されていました（ただし，匿名なので，相談者の氏名や詳しい属性は分かりません）。

　すると相談者から，「雑誌，読みました。あれ，私のことですよね？　勝手に掲載するなんて，個人情報の侵害ですよね？　もう二度と相談しません。訴えます」と，チャットメッセージが届きました。

1.「訴える」の意味

熊猫　トリさん，大変なことになりました！　私は訴えられるのですね！訴えられるんですよね（汗）!!

トリ　熊猫さん，とりあえず落ち着きましょう！「訴えられる」と言われ

るとドキッとしますが，「訴えられる」イコール「法的責任を負う」ではありませんよ。

熊猫　えっ？　そうなのですか？　だって，訴えられたら，裁判所へ呼び出されるのですよね（涙）。

トリ　【Point!】裁判で訴えられることと，裁判所が認める（責任を負う）ことは，まったく別問題です。裁判は，いつでも，誰でも，誰に対しても，起こすことができるのですよ。たとえば，「鳥飼の本がつまらなくて，時間の無駄で精神的苦痛を受けたから，慰謝料100万円を払え」という裁判を起こすことも可能なのです。裁判を起こすためには，訴状という書類を作成して裁判所へ提出するのですが，このような内容の訴状を提出しても，窓口で受理されます。訴状を読んだ書記官や裁判官は，苦笑いするとしても門前払いはできない仕組みなのです。その後，裁判を開始して，法的な理由がない，証拠がないということで，最終的に請求を認めない，という流れになります。

熊猫　たしかに，言われてみたら，芸能人が週刊誌を訴えても裁判所は認めなかったというニュースを耳にしますね。私の場合も，訴えられても大丈夫なのでしょうか？

トリ　結論からいうと，訴えられても，熊猫さんが賠償責任を負う可能性はかなり低いです。

熊猫　はぁ，安心しました・・・。

2.　個人情報とプライバシー

トリ　では，落ち着いたところで，法律的な視点で，一つ一つ整理してみますね。まず，今回のケースは，個人情報の問題でしょうか？

熊猫　えっ？　違うのですか？

トリ　【Point!】個人情報の定義は，「特定の個人を識別できる情報」です。そのため，①チャット記録のどこをどう見ても個人が識別できない場合，②他の記録と突き合わせても容易に個人が識別できない場

合，**個人情報保護法の個人情報には当たりません。**今回のケースは匿名なので，相談者の氏名や詳しい属性は分からないとのことですので，個人情報の問題ではないことになります。ちなみに，チャット記録は個人関連情報（第1章9.(5) 参照）に当たる可能性がありますが，提供先の第三者が個人データとして扱うことを想定されるとは考えにくいので，個人関連情報の点は気にしなくてかまいません。

[熊猫] なるほど，冷静に考えてみたら，そういうことになるのですね。

[トリ] ただ，個人情報の問題ではないからといって，チャット記録を雑に扱うことは，相談団体の信用にも関わりますので，チャット記録は個人情報保護法に準拠して厳しく管理すべきでしょう。

[熊猫] はい，肝に銘じます（汗）。それでは，個人情報の問題ではないとすると，どのような法的問題があるのですか？

[トリ] 【Point!】個人情報の問題ではないとしても，**プライバシーの問題を考えなければなりません。**また，利用規約や守秘義務の問題もあります。まず，プライバシーについて解説メールを送るので，コーヒーを飲みながらゆっくり待っていてください。

■解説——プライバシーについて

①なぜプライバシーは守られなければならないのか

憲法学説上は，「個人の利益」と「社会の利益」の観点から説明が試みられています[*1]。

【個人の利益】——「私生活への干渉やその暴露，性生活上の選択に対する権力的な規制や監視，私的な情報やコミュニケーションの他者による収集・利用・伝達が権利侵害となるのは，それらが公的生活にかかわらないその人自身の問題であり，言いかえれば，それらに対する侵害が，私的な領域で個人が自由に思考し，交流し，生きることをきわめて困難にするからである」

[*1] 長谷部恭男（2022）『憲法（第8版）』新世社，153-154頁。

【社会の利益】——「社会の視線から逃れて自らの生き方や考え方を見つめなおすことを可能とする空間や自らの選ぶ相手とのみ親密な関係を取り結ぶ可能性を保護されることのない者は，自らを自律的に生きる存在として尊重されていると感じることもなく，社会公共の問題に真剣に取り組み，貢献しようとする意欲ももたないであろう」

②プライバシーとは何か（プライバシーの要件）

実は，個人情報と違い，プライバシーは，法律によって明確な定義がされているわけではありません。

裁判例ではいくつかの定義が示されていますが，その中でリーディングケースとなったのが，三島由紀夫氏の政治家を主人公とした『宴のあと』という小説について，プライバシーの侵害が問題となった事例です。この裁判の判決（「宴のあと事件判決」と言います）では，プライバシーについて，**「私生活をみだりに公開されないという法的保障ないし権利」**と抽象的に定義したうえで，具体的な成立要件を以下のように示しました。

> Ⓐ私生活上の事実または私生活上の事実らしく受け取られるおそれのあることがらであること。
>
> Ⓑ一般人の感受性を基準にして当該私人の立場に立った場合公開を欲しないであろうと認められることがらであること，換言すれば一般人の感覚を基準として公開されることによって心理的な負担，不安を覚えるであろうと認められることがらであること。
>
> Ⓒ一般の人々にいまだ知られていないことがらであること。
>
> Ⓓ公開によって当該私人が実際に不快，不安の念を覚えたこと。

ただし，「最高裁は，プライバシー権の定義や要件をはっきりと示してはいない。一方，下級審では，定義や要件を明らかにした事例が数多く見られる。もっとも，その内容は様々であり，定まった見解があるとはいえない状況である」[*2]と指摘されています。そして，上記Ⓐ～Ⓓのうち，Ⓐ～Ⓒ（私生活の事実，公開を欲しない，非公知性）のみをプライバシーの

要件とした裁判例が多数派であるので＊3，それに従うことにします＊4。

③プライバシーの具体例

　以上の定義（Ⓐ私生活の事実，Ⓑ公開を欲しない，Ⓒ非公知性）をもとにして，医療やカウンセリングの場面でプライバシーになりうる具体例を挙げます（ここに挙げた例に限られるものではありません）。

- ＊ 病歴（身体的疾病，精神的疾病，障害）
- ＊ 自殺未遂歴，自傷行為歴
- ＊ 収入，家計の状況，借金
- ＊ 性癖，嗜癖
- ＊ 婚姻歴，離婚歴，家族構成
- ＊ 性的指向，性自認
- ＊ 配偶者間，恋人間，親子間のトラブル
- ＊ 前科前歴
- ＊ 犯罪被害歴

なお，これらのうち，病歴，前科前歴，犯罪被害歴は，プライバシーに当たると同時に，個人が識別できれば「要配慮個人情報」にも当たりますので（第2章1.参照），個人情報保護法の規制を受けることになります。

[熊猫] ありがとうございます！　なるほど，プライバシーの要件や具体例が理解できました。個人情報は「特定の個人が識別できる情報」ですから，プライバシーとは似て非なる概念なのですね。

[トリ] そうなのです。【Point!】たとえば，芸能人が癌を公表した場合，個人情報には当たりますが，プライバシーには当たらない，ということになります。また，匿名のチャット相談で自殺未遂歴を告白した場

＊2　佃克彦（2020）『プライバシー権・肖像権の法律実務（第3版）』弘文堂，35頁。
＊3　前掲・佃克彦，53頁。
＊4　ただし，佃克彦氏は，ある事実が公知か非公知は実際のところ相対的であり，Ⓒ非公知の要件は不要である，との見解を提唱しています（前掲・佃克彦，65頁）。

合は，個人情報には当たらないけれども，プライバシーには当たる，
ということになります。

3. 読者が本人を特定できるか

熊猫　今回の取材の件では，読者が本人を特定できないようにもちろん匿
　　名ですし，エピソードも抽象化しています。その場合でも，プライバ
　　シーの侵害となるのですか？

トリ　読者の視点で考えると，大きく三つのパターンが考えられます。①
　　一般的な読者が本人を特定できる，②本人のことを知っている読者し
　　か，本人を特定できない，③本人しか分からない，です。

熊猫　①の場合はプライバシーの侵害になることはイメージできますが，
　　②③はどうなのかな？

トリ　②に関連する裁判例があります。『石に泳ぐ魚』という小説につい
　　て，そのモデルとなった人物を特定できるかどうかが争点となった事
　　件で，東京地裁平成 11 年 6 月 22 日判決は，本人と面識がある者また
　　は本人の属性のいくつかを知る者が読んだ場合，その読者は本人を特
　　定できるから，プライバシーの侵害になると判断しました。したがっ
　　て，本人の家族や同僚や友人が読めば，これは本人のことだと特定で
　　きるのであれば，プライバシーの侵害となります。

熊猫　確かに，身近な人が読めば分かってしまうなら不安になりますか
　　ら，プライバシー侵害とすべきですよね[*5]。それでは，③はどうな
　　のでしょうか？

トリ　【Point!】これはちょっと難しいのですが，本人しか分からないの
　　であれば，私生活の秘密を暴かれたとも言えないので，原則として，

---

*5 「実名報道された被害者が著しく無名で誰にも知られていない者であれば，『世間
　一般の人は当該実名報道からその被害者を特定できないから名誉毀損・プライバ
　シー侵害は成立しない』という理屈が成り立ってしまう。これが結論としておかし
　いことは異論がないであろう」（前掲・佃克彦，228 頁）。

プライバシー侵害にはならないと考えられます。ただし，本人しか分からないため，他人から嘲笑されることはないとしても，本人としては「プライバシーは守られているはずだという感情」が揺さぶられて，不安になることでしょう。そこで，仮に本人しか分からないとしても，「極めて侵襲性の高いプライバシー情報が公開された場合に，プライバシー感情の侵害を肯定してよいのではないだろうか。たとえば，裸体の写真や，極めて秘密性の高い内容が記されている信書の内容などが公表された場合が，これにあたるといえよう」[*6] と指摘されています。

熊猫　なるほど。実際には本人しか分からないので，誰かから笑われたり，からかわれたりすることはないけれども，あまりにセンシティブな内容が公表された場合は，心中穏やかではいられないから，その不安にさせられた感情を保護しよう，ということですね。

4.　取材であることの意義

トリ　【Point!】熊猫さんのケースでは，何の理由もなくプライバシーを公表したのではなく，取材に応じたという点がポイントになります。

熊猫　取材だと，どういう意味があるのでしょうか？

トリ　「表現の自由」や「報道の自由」といった言葉を聞いたことがあると思います。ちょっと難しくなるので，これも解説メールを送りますね。

＊6　前掲・佃克彦，179 頁。

■**解説**──「表現の自由」「報道の自由」とプライバシーとの関係‧‧‧‧‧‧‧‧‧‧‧‧‧‧‧‧‧‧‧‧‧‧‧‧‧‧‧‧‧‧

　プライバシーは憲法 13 条の幸福追求権の一種ですが，憲法 21 条 1 項は
「表現の自由」を保障していて，「表現の自由」には，「取材の自由」や
「報道の自由」も含まれていると考えられています[7]。そこで，「プライ
バシー」と「表現の自由」がぶつかった場合，どちらを優先するか調整す
る必要があります。

　この調整について，少年犯罪を実名で記事にした出版社が訴えられた事
案で，最高裁平成 15 年 3 月 14 日判決は，「プライバシーの侵害について
は，その事実を公表されない法的利益とこれを公表する理由とを比較衡量
し，前者が後者に優越する場合に不法行為が成立する」と，一般的な考え
方を示しました。つまり，公表するメリットと公表されるデメリットを比
較する，ということです。

　メリット／デメリットを検討する判断材料として，この事案では，「本
人の年齢や社会的地位」「記事の内容」「伝達される範囲」「公表された場
合に本人が被る不利益の程度」「記事の目的や意義」「公表時の社会的状
況」「記事によって公表する必要性」が検討されました（結論として，プ
ライバシー侵害は成立しないと判断されました）。ただし，判断材料は
はっきりと確立しているわけではなく，「現在の判例は，表現の自由とプ
ライバシーの調整を，個別の事案において比較衡量を通じて行ってい
る」[8]と指摘されています。

　いくつかの判断材料をもう少し嚙み砕いて説明すると，①報道の目的や
内容（社会の関心に応えるためか，単なる興味本位か），②本人の社会的
地位（まったくの私人か，公人としての立場か），③秘匿性の程度（公表
されて受けるダメージの大きさ）となります。

---

[7]　最高裁昭和 44 年 11 月 26 日決定は，「報道の自由は，表現の自由を規定した憲法
　　　21 条の保障のもとにあり，報道のための取材の自由も，同条の精神に照らし，十
　　　分尊重に値する」と判断しました。
[8]　渡辺康行・宍戸常寿・松本和彦・工藤達郎（2016）『憲法 I 基本権』日本評論社，
　　　227 頁。

　なお，プライバシー侵害として，報道機関や出版社だけではなく，取材
に応じた情報提供者も訴えられることがあります。情報提供者の責任は，
同様に①〜③の観点から判断されると思われます*9。

熊猫 ありがとうございます！　そうすると，裁判例でもバシッと明確な
基準があるわけではないのですね。私の場合は，どう考えたらよいの
でしょうか？

トリ 最近の若者の悩みについて社会に知ってもらおう，という公共目的
ですし，「コロナで大学に通えず孤独感が深まり自殺も考えた」とい
うのは，確かに秘匿性の高い内容ですが，詳細過ぎる内容ではなく，
個人は特定できませんから，ダメージは大きいとは言えないでしょ
う。そうすると，出版社だけでなく，情報提供者である熊猫さんも責
任を負わないと考えられます。

熊猫 よかった・・・安心しました（汗）。

5. 利用規約や守秘義務の問題

トリ では，最初に挙げたもう一つの問題である「利用規約や守秘義務」
を説明しますね。たとえば，匿名のチャット相談で，相談者が「今日
のおやつにドーナツを2個食べました」という，他愛ない雑談をした
としましょう。これは，個人情報保護法やプライバシーとして何か問
題でしょうか？

熊猫 う〜ん，匿名だから個人情報ではないし，おやつにドーナツを食べ

---

*9　週刊誌記事でのプライバシー侵害が問題となった事案で，出版社の責任は認めな
かったが，情報提供者の責任を認めた裁判例（東京高裁平成13年7月18日判決）
について，「報道の自由に基づいて免責されるべき内容の情報だったのであれば，
その報道機関に対する情報提供も正当化される筈である。また，報道機関を免責す
る一方で情報提供者を免責しないならば，今後の情報提供行為が委縮してしまう」
（前掲・佃克彦，190頁）と批判されています。

たことは「公開して欲しくない」とは言えないので，プライバシー侵害でもないですよね。

トリ　そのとおりです。ただ，利用規約に「チャット記録は外部に漏らしません」と守秘義務が掲げられていた場合，どうでしょうか？

熊猫　規約違反ということになりますね。うちの団体でもそういう規約があります。

トリ　【Point!】正解です。規約も契約の一種ですから，相談者と NPO 団体との間の契約違反（債務不履行）ということになります。契約違反の場合，損害賠償請求ができるのですが[*10]，問題は，実際に損害が生じたと言えるかという点です。

熊猫　契約違反でも損害が生じていないことがある・・・なんだか分かったような，分からないような・・・。

トリ　では，具体的に考えてみましょう。「今日のおやつにドーナツを 2 個食べました」ということが第三者に知られてしまうと，どんな損害が生じますか？

熊猫　う〜ん・・・特に思いつきません（汗）。

トリ　そうですね。おやつにドーナツを 2 個食べても，誰かから白い目で見られたり，恥ずかしい思いをしたりすることはありませんよね。そのため，具体的には損害は生じていない，ということになります。強いて言えば，「チャット記録は外部に漏らしません」という期待を裏切られたことに対する慰謝料は，観念することはできます。ただし，その慰謝料の金額は，1 万円にも満たないでしょう（慰謝料の金額については，第 2 章 6.（5）参照）。

熊猫　なるほど！　では，もし利用規約がなかった場合，どうなるのですか？　利用規約を作っていないカウンセラーもいると思います。私の知人でも，一人思い当たります。

トリ　それは寅山さんですね（笑）。利用規約を作っていなかったとして

＊10　民法 415 条 1 項。

も，カウンセラーの一般的な善管注意義務[11]の一環として，守秘義務は含まれていると考えられます。そのため，**利用規約があろうとなかろうと，正当な理由なくカウンセリングの内容を第三者へ漏らしてはいけません。**

6. 苦情への対応

熊猫　いろいろと教えていただき，法律的な責任は負わなくて済みそうだということが分かりましたが，実際に，相談者さんからの苦情に対して，どのように対応したらよいのでしょうか？

トリ　そうですね，「法律的には問題ありません」とだけ返したら，余計に感情を逆なでするかもしれませんね。

熊猫　う〜ん，どうやって返答したらよいでしょうか？

トリ　たとえば，このような文章はどうでしょうか。

　この度は，ご不快，ご不安な思いをさせてしまいましたこと，お詫び申し上げます。法律の専門家に相談したところ，匿名であるため個人情報保護法の対象とならず，また，プライバシーの観点からも公益目的であり，法的な問題は生じないと，回答を得ました。ただ，ご不快な思いをされたことは事実ですので，当法人として重く受け止め，今後メディア取材に応じる際には，一層慎重に対応させていただきます。どうかご理解くださいますようお願い申し上げます。

---

[11]　カウンセリングの法的性質については，拙著（2021）『Q＆Aで学ぶカウンセラー・研修講師のための法律』55頁を参照ください。

熊猫　ありがとうございます。法律的には責任はないと考えていますが，結果として不快にさせてしまったことについては謝ります，という姿勢ですね。ところで，「お詫び申し上げます」とか，謝罪してもかまわないのですか？　責任を認めたことになりませんか？

トリ　寅山さんにも説明したことがありますが，よく「謝ってはいけない」「謝ったら非を認めたことになる」なんて言われることがありますが，そんなことはありませんよ。謝罪することは，必ずしも法的な責任を認めたことにはなりません。結果として相手が不快に思っているのであれば，謝罪の言葉を出してもかまいません。

熊猫　そうだったのですね。確かに，日本人は，何かあったらとりあえず「すみません」と言ってしまいがちですよね。それで法的な責任を認めたことになったら大変です（汗）。

トリ　ただ，「全面的に私に非があることを認めます」という，極端な謝罪は避けたほうがよいでしょうね。相手の要求をすべて飲むのであれば別ですが，相手の要求を拒む場合，「全面的に非があると言ったじゃないか！」となって，トラブルが収束しなくなります。

熊猫　苦情やトラブルの対処には，最初が肝心ということですね！

7. 医療情報に関する裁判例

トリ　最近の裁判例で，医療情報と個人情報（プライバシー）に関して興味深い事例がありましたので，メールで送っておきますね[*12]。後で読んでみてください。

熊猫　ありがとうございます！　至れり尽くせりで助かります!!

---

*12　本書巻末の「参考資料」に，「医療情報と個人情報に関する裁判例」として掲載しています。参考になさってください。

第4章　個人情報保護法のまとめ

トリ　皆さん，難しい個人情報やプライバシーのお話にお付き合いいただき，ありがとうございました。

寅山　こちらこそ，勉強になりました。個人情報保護法の「原則や例外」という内容は，ガイドラインを参照しながら復習できそうなのですが，実際に現場で正しく判断できるか，まだ不安です（汗）。

牛川　私も同感です。細かい知識ではなく，「こういう基本的な考え方を持っていると無難」というのはありますか？

トリ　**【Point!】はい，カウンセラーの皆さんが扱う情報は，たとえ個人情報保護法の適用外（例外）だとしても，クライアントとの信頼関係のもとで取得した情報ですから，まずはより安全な方向，つまり個人情報保護法が適用されるとの前提（原則）で，厳格な扱いや管理をすることが望ましいでしょう。そして，万が一，何かトラブルが発生した場合に，適用除外や例外規定がないかどうかを検討する，という順番がよいと思います。**

熊猫　最初から例外規定に当たらないかを探るのではなく，まずはきちんと管理する姿勢を持つことなのですね。

寅山　ただ，実際問題として，私のような個人経営のカウンセラーは，どのようなセキュリティ対策を講じたらよいか不安です。

牛川　そうですよね。うちは病院なので，ある程度，お金をかけたり，担当者を置いたりできますが，個人経営や中小企業の方は大変ですよね。

トリ　では，コストと安全安心という視点で，ちょっと考えてみましょう。たとえば，「自前で十分な対策を講じる」という方針を採用すると，メリット／デメリットは以下のようになりますね。

○トラブルが予防できる。

○万が一，トラブルが発生しても迅速に対応できる。

○責任問題も最小限化できる。

×人的コスト，経済的コストが増える。

熊猫 安心安全を得られるけれども，コスト負担が生じる，というわけですね。

トリ そのとおりです。一方，「特に何もしない」という方針を採用すると，メリット／デメリットは以下のようになりますね。

○（当面の）人的コスト，経済的コストが抑えられる。

×（何もしていないので）トラブルの発生確率が高まる。

×トラブルが発生したとき，イチから対策を練らなければならないため，対策が後手に回る。

×責任問題が大きく問われる。

寅山 う～ん，安心安全とコストのバランスをうまくとるには，どうしたらよいのでしょうか？　トリさん，ドーナツ5個で教えてください！

トリ 了解です！　唯一絶対の正解があるわけではありませんが，両者のバランスを取るとしたら，以下のようにしておくとよいでしょう。

・プライバシーポリシーを改めて見直す（特に利用目的に注意する）。

・最低限のセキュリティ対策を講じる。

・定期的に対策を見直す。

・万が一に備えて専門家とつながっておく。

寅山・牛川・熊猫 私たちは，トリさんにつながっておいてよかったです！

トリ はい，毎月の顧問料，ドーナツ奮発してくださいね！　巻末「参考

資料」に，プライバシーポリシー，秘密保持契約書のサンプルなどを
付けておきますので，ご利用ください！

参考資料

1. プライバシーポリシー（サンプル）

鳥飼コメント：これはあくまでサンプルですので，皆さんの具体的な状況に合わせてアレンジしてご利用ください（特に利用目的は慎重にご検討ください）。　なお，★は，法律によって公表が義務づけられている項目（必須項目）です。それ以外は任意項目です。

　当カウンセリングルーム（以下，「当ルーム」）は，クライアント様（本サイトおよび当ルームが提供するサービスを閲覧，利用され，また本サイトおよび当ルームが提供するすべてのサービスに関わるすべての方を対象とします。）の個人情報の保護について，次のとおりプライバシーポリシー（以下，「本ポリシー」）を定め，本ポリシーに基づき適正に個人情報を取り扱います。

　なお，本ポリシーで使用する用語の意味は，個人情報保護法に準拠するものとします。

★1．個人情報取扱事業者の名称，所在地等
鳥飼コメント：個人の場合は「氏名」「（職場の）住所」，法人の場合は「名称」「所在地（住所）」「代表者の氏名」を記載します。

2．当カウンセリングルームが取得する個人情報
　当ルームが取得するクライアント様の「個人情報」とは，個人情報保護法第2条1項で定められた個人情報および同6項で定められた個人データを総称するものであり，下記を含むものとします。

　・クライアント様が当ルームに対し提供した，お名前，ご住所，電子メールアドレス，電話番号，病歴等の情報。

・クライアント様がご利用になったサービスの内容，ご利用日時，ご利用回数など，サービスのご利用状況にかかる情報。
・対面カウンセリングにおける相談内容全般。
・オンラインカウンセリングにおける相談内容全般。
・クライアント様がカウンセラーに伝えた事項の中に，クライアント様による自殺企図，カウンセラーに対する迷惑行為，その他の緊急に対応しなければ危険であると判断せざるを得ない，または，カウンセリングセッションの継続を困難と判断せざるを得ないものが存した場合には，それらの事項。

★3. 個人情報の利用目的

鳥飼コメント：想定される利用目的を網羅しておきましょう。ただし，あまり広範過ぎると，利用者は不安になります。

(1)　当ルームは，クライアント様の個人情報を，以下の目的のために利用させていただきます。
・クライアント様へ適切なカウンセリングサービスを提供するため。
・クライアント様からのお問い合わせやご要望等に適切にお応えするため。
・クライアント様の症状改善のため，他の心理職，医療機関等と連携するため。
・本サイト運営上のトラブルの防止および解決のため。
・個人情報を統計的に処理した情報を集約し，調査結果として公表するため。
・ご利用状況を把握し，サービスの改善や新サービスの開発に役立てるため。
・当ルームが実施する新サービスなどクライアント様に有益と思われる情報をお届けするため。
(2)　上記のほか，個人情報を取得する際に別途利用目的をお知らせする

　ことがあります。

4. 個人情報の収集について

　当ルームは，以下の方法により，本サイトをご利用になるクライアント様の個人情報を収集させていただくことがございます。

・本サイトおよびSNS等のインターネットサービス
・電子メール，郵便，書面，電話，FAX等
・当ルームにおける面談，相談等

5. 個人情報の第三者への開示・提供について

　当ルームは，法令に基づき開示・提供が許容されている場合または以下に定める場合を除き，クライアント様の同意なく個人情報を第三者へ開示・提供しません。

・法令により開示が求められた場合。
・前記第3項の利用目的のために，状況に照らしてクライアント様から黙示の同意が得られていると判断される場合。
・前記第3項の利用目的達成に必要な範囲内において，当ルームが信頼に足ると判断し個人情報の守秘義務契約を結んだ第三者に，業務の全部または一部を委託する場合。
・クライアント様または第三者の生命が危険にさらされるおそれがあると当ルームが判断した場合。
・クライアント様または第三者が虐待を受けている可能性が高く，直ちに対処しなければクライアント様または第三者の生命が危険にさらされるおそれがあると当ルームが判断した場合。
・クライアント様が自殺をする意思を明らかにし，当ルームが実行される可能性が高いと判断した場合。
・クライアント様が第三者に迷惑をかけ，そのトラブルを解決するために，当ルームが開示を必要と判断した場合。

★6. 個人情報の管理について

鳥飼コメント：「当ルームは，漏洩防止など個人データの安全管理のため，十分なセキュリティ対策を講じます」という簡単な内容では不十分です。簡略化したい場合は，「具体的な安全管理措置については，お問い合わせ窓口までお問い合わせください」としておいて，実際に問い合わせがあった場合には迅速に回答できるよう，内部体制を整えておく必要があります。

(1)　当ルールは，個人データの漏えい，滅失または毀損等を防止するため，必要かつ適切な措置を講じます。

(2)　当ルームは，個人データの安全な管理が図られるよう，所属する従業者に対して必要かつ適切な監督を行うとともに，個人データの取扱いの全部または一部を外部業者へ委託する場合には，委託先に対して必要かつ適切な監督を行います。

(3)　当ルームが講じる安全管理措置につきましては，後記の「お問い合わせ窓口」までお問い合わせください。

7. プライバシーポリシーの変更

本ポリシーの内容は，必要な場合，変更前の利用目的と関連性を有すると合理的に認められる範囲内で変更されることがあります。変更後のプライバシーポリシーについては，当ルームが別途定める場合を除いて，本サイトに掲載した時から効力を生じるものとします。

★8. 個人情報の開示・訂正・削除等

鳥飼コメント：この項目は，次のように簡略化することも可能です。「当ルームは，保有する個人データに関して，個人情報保護法に従い，開示，訂正または利用停止等の請求等をすることができます。この場合は，本人確認のための資料の提出が必要になる場合があるほか，開示については手数料をお支払いいただきます。具体的な手続きについては，後記窓口へお問い合わせください」。

当ルームは，個人情報保護法に従い，次に定めるとおり，開示等の請求に対応します。

(1)　利用目的の通知または個人情報もしくは第三者提供記録の開示

クライアント様は，当ルームに対し，個人情報保護法で認められる範囲内において，利用目的の通知を求め，または個人情報もしくは第三者提供記録の開示を請求することができます。ただし，当ルームは，次の各号のいずれかに該当する場合は，開示を行わないことがあります。

①開示することで，クライアント様ご本人または第三者の生命，身体，財産その他の権利利益を害するおそれがある場合。

②開示することで，当ルームの業務の適正な実施に著しい支障を及ぼすおそれがある場合。

③開示することが法令に違反することとなる場合。

④開示の請求がクライアント様ご本人からであることが確認できない場合。

なお，利用目的の通知または個人情報もしくは第三者提供記録の開示を請求される場合には，合理的な範囲内で開示手数料をいただきます。

(2)　訂正・追加・削除

クライアント様は，個人情報の訂正・追加・削除を請求することができます。その場合，当ルームは，利用目的の達成に必要な範囲内で遅滞なく調査を行い，その結果に基づき，個人情報保護法において認められる範囲内において，当該個人情報の訂正・追加・削除を行います。

(3)　利用の停止または第三者提供の停止

クライアント様は，個人情報保護法に従い，個人情報の利用の停止または第三者提供の停止を請求することができます。その場合，当ルームは，個人情報保護法に従って適切に対応いたします。

（4）　手続き

　具体的な手続き（請求方法）につきましては，後記の「お問い合わせ窓口」までお問い合わせください。

★9.　お問い合わせ窓口

鳥飼コメント：問い合わせ先の責任者氏名まで公表する必要はありませんが，内部では責任者を決めておいてください。

　ご意見，ご質問，苦情のお申し出，その他個人情報の扱いに関するお問い合わせは，下記の窓口までご連絡ください。

メール：○○　電話：○○

2. 個人情報に関する誓約書サンプル（スタッフ用）

鳥飼コメント：採用時や退職時に，より詳細な誓約書を作成することが望ましいですが，小規模組織で余裕がない場合，最低でもこのような簡易版を作成すべきでしょう。

○○カウンセリングルーム
代表者○○殿

　私は，○○カウンセリングルーム（以下，「当ルーム」）の従業者として，当ルーム内の個人情報保護に関する諸規定および個人情報保護法等の関係法令を順守します。また，業務中に知り得たクライアントおよび当ルーム関係者の個人情報，当ルームおよび取引業者の情報資産などを，在職中はもちろん退職後も第三者に故意または過失によって漏えいしたり，当ルームに無断で使用しないこと，およびその結果として当ルームに損害をかけないこと，万が一損害が生じた場合直ちに賠償することを誓約いたします。

<u>　　　　　　　年　　　月　　　日</u>

住所<u>　　　　　　　　　　　　　　　　　</u>

氏名<u>　　　　　　　　　　　　　</u>印

3. 秘密保持契約書サンプル（委託業者用）

鳥飼コメント：心理テストのデータ処理など外部業者に委託する場合の書式です。外部業者が秘密保持契約書の雛形を用意してくれる場合は，それを使っても構いませんが，内容はお任せにせず，チェックすべきでしょう。

　○○カウンセリングルーム（以下，「甲」）および○○業者名（以下，「乙」）は，秘密保持に関し，以下の合意をした。

第1条（目的）
　本契約は，甲乙間の令和○年○月○日付○○についての業務委託契約に関連して甲が乙に対してクライアントの個人情報を提供する際（以下，「本目的」）の秘密保持等について定めるものである。

鳥飼コメント：もとになった業務委託契約の内容が特定できるように記載してください。

第2条（秘密情報）
1　本契約において「秘密情報」とは，乙が甲から開示を受けた，甲のクライアントのカウンセリング記録，心理テスト結果，甲のスタッフの情報など事業遂行に関連する一切の情報をいう（秘密である旨の告知の有無は問わない）。また，秘密情報の複製（電子的複製含む）並びに秘密情報を記載又は記録した媒体（紙媒体のほかハードディスク，CD-ROM，USBメモリその他電子記録媒体を含む）も，秘密情報とする。
2　前項にかかわらず，次の各号の一に該当することを乙が書面で合理的に証明できる情報は，本契約における秘密情報として取り扱わないものとする。乙は，上記情報であることを知ったときは，速やかに書面で甲に通知する。

①開示の時，既に公知であった情報

②開示後，乙の責めに帰すべき事由によらず，公知となった情報

③開示の時に既に乙が保有していた情報

④開示する権利を有する第三者から秘密保持義務を負うことなく適法に入手した情報

⑤乙が開示を受けた秘密情報によらずに独自に開発した情報

⑥甲が秘密保持義務を課することなく第三者に既に開示している甲の情報

第3条（秘密保持）

1　乙は，秘密情報を厳重に秘密として保持し，書面による甲の承諾を事前に得ることなく，秘密情報を本目的以外に一切使用してはならないものとし，また，秘密情報をいかなる第三者に対しても開示しない。

2　乙は，善良な管理者の注意をもって秘密情報を管理する。

3　乙は，本目的のために合理的に必要な最小限度の範囲で行う場合を除き，甲の事前の書面による承諾を得ることなく，秘密情報を複製しない。また，乙は，秘密情報を複製した場合，当該複製につき，甲の秘密情報である旨の表示を付し，原本と同等の保管・管理をする。

4　乙は，甲が特に指定する秘密情報については，甲の指示に応じて，複製の制限・管理，保管方法，接触可能人員等の規制手段を講じなければならない。

5　乙は，国，地方公共団体，裁判所その他これらに準ずる機関から法令上の根拠に基づき秘密情報の開示を求められたときは，直ちに甲と協議を行い，法令上強制される必要最小限の範囲，方法により当該機関に対し開示を行う。

第4条（個人情報）

乙は，本目的に関連して甲から開示された個人情報（個人情報保護法第2条第1項の定めに従う）を，本秘密保持契約に従い秘密情報として取り

扱うとともに，個人情報保護法に基づいて厳重に取り扱うものとする。

第5条（監査・是正）
1　甲は，乙による秘密情報の管理状況に関し，随時書面による報告を求める方法により監査することができるものとし，乙は，誠実に協力するものとする。
2　秘密情報につき，目的外の使用又は不正な開示の合理的な疑いが生じたときは，甲は，乙に対し，秘密情報の目的外の使用又は不正な開示をしていないことにつき，合理的説明を求めることができる。
3　前2項の場合，甲は，乙に対し，是正措置を求めることができ，乙は，誠実に協力するものとする。

第6条（事故時の対応）
1　乙は，秘密情報につき，漏出，紛失，盗難，押収等の事故（以下「本件事故」）が発生した場合又は発生のおそれがあることを認識した場合は，直ちにその旨を甲に連絡し，甲の指示に従い適切な対応をしなければならない。
2　本件事故が発生した場合，甲は，乙による甲の秘密情報の管理状況に関し，事前に通知をすることにより，自ら又は専門家を指名して，乙の事業所に立入って監査することができ，乙は，誠実に協力しなければならない。
3　本件事故が発生し，これに対処するための費用が生じ，又はこれによって第三者から損害の請求等がなされたときは，これらから生じた一切の費用，損害（上記事故に対応するために合理的に必要な調査，鑑定，弁護士等の専門家の費用を含む）を乙が負担するものとし，甲が支出をしたときは，乙がその費用を補償する。

第7条（秘密情報の返還）
1　乙は，本目的が終了したとき（途中終了含む）および本目的遂行中に

甲が求めたときは，甲から開示された秘密情報および甲から提供された一切の資料（電子データ含む）を，直ちに返還又は甲の許諾を得て廃棄するものする。

2　乙は，甲が求めた場合には，いつでも秘密情報を返還又は廃棄した旨の確約書を相手方に交付する。

第8条（発明等の取扱い）

乙が甲の秘密情報を参照して発明，考案，意匠又はノウハウその他知的財産の創作をした場合，その権利は甲に帰属する。

第9条（権利譲渡の禁止）

乙は，書面による甲の承諾を事前に得ることなく，本契約上の地位および本契約により生じた権利義務の全部または一部を，第三者へ譲渡し，または承継させない。

第10条（秘密期間）

本秘密保持契約の内容は，本目的遂行中（関連する業務委託契約等の有効期間中）および本目的終了後（途中終了含む）〇年間有効とする。ただし，それ以降であっても，本契約の秘密情報が秘匿性の高い情報であるという性質に鑑みて，乙は，個人情報保護法の趣旨に沿って厳正に行動するものとする。

第11条（協議等）

1　本契約には日本法が適用され，本契約に定めのない事項について又は本契約に疑義が生じた場合，甲・乙協議の上で解決する。

2　本契約に関する紛争については，〇〇地方裁判所を第1審の専属管轄とする。

本契約書を2通作成し，甲・乙それぞれが署名捺印して保管する（電子

署名の場合はそれに従う)。

令和　　年　　月　　日

甲
(住所)

(氏名)　　　　　　　　　印

乙
(住所)

(氏名)　　　　　　　　　印

4. 中小企業向けセキュリティ対策チェックリスト（総務省）

(1) 基本方針の策定
□個人データの適正な取扱いの確保について組織として取り組むために，基本方針を策定していますか？

(2) 規律の整備
□個人データの取得，利用，保存等を行う場合の基本的な取扱方法を，整備していますか？
【手法例】
　既存の業務マニュアル・チェックリスト等に，個人情報の取扱いに関する項目を盛り込む。

(3) 組織的安全管理措置
□個人データを安全に取り扱うための組織体制は，整備できていますか？
【手法例】
　個人データを取り扱う従業者が複数いる場合，個人データの取扱いについて責任ある立場の者とその他の者を区分する。

□個人データの取扱いに係る社内の決まりに従った運用が，されていますか？　また，それを確認するための手段はありますか？
【手法例】
　あらかじめ整備された基本的な取扱方法に従って個人データが取り扱われていることを，責任ある立場の者が確認する。

□漏えい等の事案に対応する体制は，整備できていますか？
【手法例】
　漏えい等事案の発生時に備え，従業者から責任ある立場の者に対する

報告連絡体制等を決め，従業員に周知する。

□個人データの取扱状況の把握および安全管理措置の見直しは，できていますか？

【手法例】

　責任ある立場の者が個人データの取扱いについて，定期的に点検するとともに，適宜取扱方法の見直しを行う。

(4)　人的安全管理措置

□個人データの取扱いについて，従業者の教育はできていますか？

【手法例】

　個人データの適正な取扱いに関する従業員教育として，以下を行う。

・朝礼等の際に定期的な注意喚起を行う。

・定期的な研修を行う。

・個人データについての秘密保持に関する事項を，就業規則等に盛り込む。

(5)　物理的安全管理措置

□個人データを取り扱う区域を管理していますか？

【手法例】

　個人データを取り扱うことのできる従業員および本人以外の者が，容易に個人データを閲覧等できないような措置を講ずる。

□個人データを取り扱う機器および電子媒体等の盗難等を，防止するための措置を講じていますか？

【手法例】

・個人データを取り扱う機器，個人データが記録された電子媒体，または個人データが記載された書類等を，施錠できるキャビネット・書庫等に保管する。

・個人データを取り扱う情報システムが，機器のみで運用されている場合は，当該機器をセキュリティワイヤー等により固定する。

□（電子媒体等を持ち運ぶ場合）持ち運ぶ際に，個人データが漏えいしないための措置を講じていますか？
【手法例】
　個人データが記録された電子媒体，または個人データが記載された書類等を持ち運ぶ場合，パスワードの設定，封筒に封入し鞄に入れて搬送する等，紛失・盗難等を防ぐための安全な方策を講ずる。

□個人データの削除，および個人データが記録された機器，電子媒体等を適切に廃棄していますか？
【手法例】
　個人データを削除し，または個人データが記録された機器，電子媒体等を廃棄したことを，責任ある立場の者が確認する。

(6)　技術的安全管理措置
□個人データへの不要なアクセスを防止できるよう，制御していますか？
【手法例】
　個人データを取り扱うことのできる機器，および当該機器を取り扱う従業者を，明確化する。

□個人データを取り扱う情報システムを使用する従業者が，正当なアクセス権を有する者であることを，識別したうえで認証していますか？
【手法例】
　機器に標準装備されているユーザー制御機能（ユーザーアカウント制御）により，正当なアクセス権を有する従業員であるかを識別・認証する。

□外部からの不正アクセス等を防止するための措置を，講じていますか？
　【手法例】
　　・個人データを取り扱う機器等のオペレーティングシステムを，最新の
　　　状態に保持する。
　　・情報システムおよび機器に，セキュリティ対策ソフトウェア等を導入
　　　する。
　　・セキュリティ対策ソフトウェア等を最新状態とする。

□情報システムの使用に伴う漏えい等を防止するための措置を，講じてい
　ますか？
　【手法例】
　　メール等により個人データの含まれるファイルを送信する場合，当該
　ファイルにパスワードを設定する。

(7)　外的環境の把握

□外国において個人データを取り扱う場合，当該外国の個人情報の保護に
　関する制度を理解したうえで，個人データの安全管理のために必要かつ
　適切な措置を講じていますか？

(8)　委託先の監督

□個人データの取扱いの全部または一部を委託する場合，個人データの安
　全管理が図られるよう，以下の①～③の観点で，委託先に対する必要か
　つ適切な監督を行っていますか？
①適切な委託先の選定
　　前項までに定める個人情報の安全管理のために必要な措置が，委託先
　において確実に実施されるか，委託先選定時に確認する。
②委託契約の締結
　　委託契約には，個人データを安全に管理するために必要な対応とし
　て，両社同意した内容および委託先での取扱状況を，委託元が把握でき

　る規定を盛り込むことが望ましい。

③委託先における個人データの取扱状況の把握

　　定期的に監査を行う等により，委託契約に盛り込んだ内容が適切に実施されているかを調査し，必要に応じて委託内容の見直しを検討することが望ましい。

5. ベネッセ事件の解説——京都地裁令和3年1月29日判決

(1)　事案の概要

* 通信教育大手のベネッセは，情報管理システム開発を関連会社Yへ委託し，Y社はさらにシステム開発会社A社へ再委託し，A社はさらにB社，B社はさらにC社に委託した。

* Qは，C社に所属するシステムエンジニアで，実際の現場で作業を行うことになった。

* 個人情報が保管されているサーバや業務を行う執務室は，セキュリティ管理（入退室制限，入退室記録保存，監視カメラ設置など）がされていた。

* 一方，私用スマートフォンの持ち込み，充電目的での業務用PCへのスマートフォン接続は禁止されていなかった。

* 平成26年，Qはベネッセのサーバから業務用PCへ，顧客（児童生徒，親権者）の個人情報（住所，氏名，フリガナ，電話番号，生年月日，性別）をコピーし，私用スマートフォンを業務用PCへ接続して，約3,000万人の個人情報を転送した。

* Qは入手した個人情報を名簿業者に売却し，その後，不正競争防止法違反（営業秘密の侵害）にて逮捕起訴されて，懲役2年6カ月の実刑判決を受けた。

* ベネッセは調査委員会を立ち上げ，顧客に対して500円のクーポン券を配布することを提案したが，納得できない顧客たちは，ベネッセに対して各地で損害賠償訴訟を提起した。

(2)　裁判の争点

* Y社は，Qによる漏えい行為について，注意義務に違反したか（Qの行為について予見できたか，措置を講じて防止できたか）。

* ベネッセは，Y社の監督責任を負うか。

* 慰謝料の金額はいくらが妥当か。

(3)　Y社とベネッセの言い分

* Qが持ち込んだMTP対応スマートフォンを利用した個人情報流出のリスクについては，漏えい事件が発生するまで情報セキュリティの専門家においてもほとんど認識されておらず，注意喚起もされていなかった。

* 私用スマートフォンの持込み禁止は，漏えい当時，一般の企業において，例外的な場合を除き採用されていなかったほか，漏えい後においても，プライバシーマークやISMS認証を取得しようとする企業や金融業界のシステムにおいてさえ，標準的なセキュリティ対策にはなっていなかった。

* 漏えい当時，プライバシーマークやISMS認証を取得しようとする企業であっても，書出し制御措置を採っていないものが過半であり，書出し制御措置は，標準的なセキュリティ対策にはなっていなかった。

* 漏えい当時，高度な情報セキュリティ対策をとっていた企業であっても，アラートシステムを採用していたものは少数であって，アラートシステムの設置が標準的に採られていた措置とは言えない。

* 漏えい当時，高度な情報セキュリティ対策を採っていた企業であっても，執務室内に監視カメラを設置していたものは少数であって，このような措置が標準的に採られていたとは言えない。

(4)　裁判所の判断
①Y社の予見可能性

　Y社は，再委託先の従業員にも，業務用PCからサーバの個人情報にアクセスすることを認めており，私用スマートフォンの持ち込みを容認していたから，執務室内で作業する従業員が，MTP対応スマートフォンを執務室内に持ち込んで，業務用PCのUSBポートに接続することにより，個人情報を不正に取得する可能性があることを認織し得た。

②Y社の防止義務

* Y社が，私用スマートフォンを持ち込むことを禁止する措置を採っていれば，Qによる漏えいを回避することができた。

* そのような措置を採ることは，Ｙ社にとって過重な負担ではない。
* なお，ガイドライン等に記載がなかったことや，同様の措置を採っている企業や法人が少なかったとしても，これらの判断が左右されるものではない。
* 結論として，Ｙ社は，Ｑによる個人情報漏えいについて責任を負う。

③ベネッセの監督責任

* ベネッセは，Ｙ社と同様に，私用スマートフォン持ち込みによって個人情報が漏えいすることを予見できた。
* ベネッセは，個人情報保護法の個人情報取扱事業者として，委託先の監督義務を負っているから，漏えいが予見できた以上は，Ｙ社と同様に漏えいを防止する措置を講じる義務があるが，それを怠った。
* 結論として，ベネッセは，Ｑによる個人情報漏えいについて責任を負う。

④損害額

* 今回漏えいした個人情報（氏名，住所など）は，私生活で必要に応じて第三者へ開示されるものであるから，一般的に「自己が欲しない他者にはみだりに開示されたくない」私的領域の情報としての性質は低い。
* 一方，氏名や住所であっても，情報ネットワークが多様化，高度化し，容易に入手可能なさまざまな情報を組み合わせることによって，趣味嗜好や思想等まで把握されかねない危険性もある。
* また，家族関係が一定程度明らかになるし，教育に関心が高いという属性が含まれているから，私的領域性は高くなる。
* 漏えい後に個人情報がどのように流通したか不明であるので，顧客は不安感を増幅させるし，一般人の感受性を基準にしても，私生活上の平穏を害すると言える。
* 一方，ベネッセは，漏えいの発覚後直ちに対応を開始し，情報漏えいの被害拡大を防止する手段を講じ，監督官庁に対する報告および指示に基づく調査報告を行い，顧客に対しお詫びの文書を送付するとともに，顧客の選択に応じて500円相当の金券を配布した。

* 以上の事情を総合考慮すると，漏えいによって被った精神的苦痛（慰謝料）は，1人1,000円が相当である[1]。
* 加えて，この裁判の原告は，ベネッセ宛てに漏えいした項目を確認するための内容証明郵便を送付し，ベネッセからの「お詫び」として500円相当の金券を用意する旨の案内に対する異議申立てを簡易書留で送付したので，その実費（1,690円）も賠償の対象となる。

(5)　トリ弁護士のコメント

　これを読んだ皆さん，どう感じたでしょうか？　ベネッセの立場からしたら，「作業するシステムエンジニアが，まさか犯罪をしてまで個人情報を盗み出すとは思わなかった（うちは被害者だ）」「裁判所が指摘するようなセキュリティ対策を，完璧に講じている企業なんて存在しないのに・・・」と言いたくなるかもしれません。

　これについては，「漏えいの当時にはMTP接続による情報漏えいの危険を指摘する論説は少なく，（Y社は）当時としては相当の対策を執っていた。当時の状況を前提に予見可能性，予見義務や結果回避可能性，回避義務を認め得るかには，微妙なところがあるかもしれない」との指摘もあります[2]。

　裁判所が，結果責任を認めるに等しい厳しい判断を下したのは，もしここで甘い判断を下すと，世界から「日本という国は，個人情報の漏えいについて甘い国なんだ」と思われてしまい，国際的な取り引きに影響する，と考えたのかもしれません（あくまで私の想像ですが）。

　カウンセラーの皆さんも，万が一，個人情報が漏えいした場合，セキュリティ対策を講じていたかどうかが厳しく問われる，ということを覚えておいてください。

---

[1]　ちなみに，ベネッセを訴えた他の裁判では，慰謝料を認めなかった裁判例もありますが，認めた裁判例では1,000～3,000円程度となっています。
[2]　『判例タイムズ』（2021），1488号，判例タイムズ社，199頁。

6.　カウンセラーや医療従事者向けのマニュアル

(1)　厚生労働省「医療情報システムの安全管理に関するガイドライン（第5.2版）

特　徴

医療機関向けに個人情報保護法等を，以下のような視点で解説。

(A)　制度上の要求事項——法律，厚生労働省通知，他の指針等の要求事項を記載している。

(B)　考え方——要求事項の解説および原則的な対策方針について記載している。

(C)　最低限のガイドライン——Ⓐの要求事項を満たすために必ず実施しなければならない対策を記載している。

(D)　推奨されるガイドライン——実施しなくてもⒶの要求事項を満たすことが可能であるが，説明責任の観点から実施したほうが理解を得やすい対策を記載している。

【一例】

組織的安全管理対策（体制，運用管理規程）

(B) 考え方

安全管理について，従業者の責任と権限を明確に定め，規程や手順書を整備運用し，その実施状況を日常の自己点検等によって確認しなければならない。これは組織内で医療情報システムを利用するかどうかにかかわらず遵守すべき事項である。組織的安全管理対策には以下の事項が含まれる。

①安全管理対策を講じるための組織体制の整備

②安全管理対策を定める規程等の整備と規程等に従った運用

③医療情報の取扱い台帳の整備

④医療情報の安全管理対策の評価，見直しおよび改善

⑤情報や端末の外部持ち出しに関する規則等の整備

⑥端末等を用いて外部から医療機関等のシステムにリモートアクセスする
　場合は，その端末等の管理規程

⑦事故または違反への対処

　管理責任や説明責任を果たすために運用管理規程は極めて重要であり，
必ず定めなければならない。

(C) 最低限のガイドライン

①医療情報システム安全管理責任者を設置するとともに，医療情報システ
　ム運用担当者を限定すること。ただし，小規模医療機関等で役割が自明
　の場合は，明確な規程を定めなくともよい。

②個人情報が参照可能な場所においては，来訪者の記録・識別，入退制限
　等の入退管理を定めること。

③医療情報システムへのアクセス制限，記録，点検等を定めたアクセス管
　理規程を作成すること。

④個人情報の取扱いを委託する場合，委託契約において安全管理に関する
　条項を含めること。

⑤運用管理規程等において次の内容を定めること。

・医療機関等の体制

・契約書・マニュアル等の文書の管理方法

・リスクに対する予防措置，発生時の対応の方法

・機器を用いる場合は機器の管理方法

・個人情報の記録媒体の管理（保管・授受等）の方法

・患者等への説明と同意を得る方法

・監査

・苦情・質問の受付窓口

(2)　総務省「中小企業等担当者向けテレワークセキュリティの手引き・チェックリスト」（第3版）

特　徴

　利用しているテレワークの方式をパターン別にして（PC 端末は会社支

給か個人所有か，接続方法はどんな方法か），セキュリティ対策をチェックリスト化している。チェックリストには，2段階の優先度が設けられている。

* 優先度◎——セキュリティ対策の重要性が高く（効果が高く），かつ実施難易度が低いもの（専門知識，追加コストの観点で懸念が小さい）。
* 優先度○——セキュリティ対策の重要性が高く（効果が高く），かつ実施難易度が中程度のもの（IT セキュリティに関する知識が必要であるが，実施困難ではない）。

【一例】
個人所有端末：VPN ／リモートデスクトップ方式

（優先度◎）
□テレワークには許可した端末のみを利用するよう周知し，テレワーク端末とその利用者を把握する。
□テレワーク端末にウイルス対策ソフトをインストールし，リアルタイムスキャンを有効にする。
□不審なメールを開封し，メールに記載されている URL をクリックしたり，添付ファイルを開いたりしないよう周知する。
□許可された人のみが重要情報を利用できるよう，システムによるアクセス制御やファイルに対するパスワード設定等を行う。
□テレワーク端末にのぞき見防止フィルタを貼り付けるよう周知する。
□スマートフォン等のテレワーク端末の紛失時に端末の位置情報を検出できるようにする。
□テレワーク端末のログインアカウントや，テレワークで利用する各システムのパスワードには，「長く」「複雑な」パスワードを設定するようルール化する。

（優先度○）
□スマートフォン等のテレワーク端末にアプリケーションをインストール

する場合は，公式アプリケーションストアを利用するよう周知する。

□オンライン会議の主催者は，会議に招集した参加者なのかどうか，名前
　や顔を確認してから会議への参加を許可するよう周知する。

□テレワークで利用するネットワーク機器には，メーカーサポートが終了
　した製品を利用せず，最新のファームウェアを適用するよう周知する。

□テレワーク端末の盗難・紛失時に情報が漏えいしないよう，端末に内蔵
　されたハードディスクやフラッシュメモリ等の記録媒体の暗号化を実施
　する。

(3)　総務省「国民のためのサイバーセキュリティサイト」

特　徴

　初心者向けに，用語辞典や基本知識（インターネット，電子メール，ク
ラウドサービスなどの仕組み）をひと通り解説。

　セキュリティ対策として，一般利用者向け，企業向けに基本的な内容を
解説。

【一例】

一般利用者の基本的な対策　（※項目毎に更に詳しい解説あり）

・ソフトウェアを最新に保とう

・ウイルス対策をしよう

・ホームページ閲覧の危険性

・パスワードの設定と管理

・フィッシング詐欺に注意

・ワンクリック詐欺に注意

・無線 LAN の安全な利用

・機器の廃棄

・個人に関する情報の取扱い

・プライバシー情報の取扱い

・サポート期間が終了するソフトウェアに注意

・IoT セキュリティ対策として留意すべきルール

7. 医療情報と個人情報に関する裁判例

(1)「発達障害」との発言と名誉毀損（大阪地裁平成31年3月14日判決）

①事　案

・X氏は自動車修理販売業Y社に雇用されたが，3カ月後に解雇された。

・Y社の社長は，解雇後に，X氏を同業者10名の集まる会合に連れて行き，同業者の前で「発達障害なのでクビにした」と述べた。

・X氏はY社に対して，名誉毀損の慰謝料（150万円）を請求。

②裁判所の判断

・X氏が発達障害と診断されていたわけでもないので，同業者の会合においてそのような発言をすること自体，不適切であった。

・Y社の社長は，再就職につなげる意図（他の事業者に簡単な作業の仕事で雇ってあげてほしい）で紹介するため，この発言をしたと弁解した。

・仮にX氏を侮辱する意図でそのような発言をすれば，かえってY社の社長が同業者から人間性を疑われるなど不利益をもたらすし，ほかにわざわざ退職したX氏を会合に連れていく理由も見当たらないから，Y社の社長の弁解は信用できる。

・したがって，Y社の社長の発言は，X氏の名誉を侵害するとまでは認められない。

③トリ弁護士のコメント

・大勢の前で「発達障害」と発言すること自体は不適切と認めながら，発言の目的が不当ではないことから，法的な違法性を認めませんでした。

・前記第3章4.「取材の意義」でも説明しましたが，行為の目的や意図によって，名誉毀損やプライバシーが成立しないことがあります。

(2) 本人の同意なく医師から診断内容を聴取（甲府地裁令和2年2月25日判決）

①事　案

・P氏はY大学の事務職員として新卒採用されたが，採用早々から，自分の尺度で判断することが多く，上司や同僚の助言等を素直に聞き入れるという姿勢ではなく，自分が正しいと思い込むと，相手をかまわず強く自分の考えを主張し，自身で描いたマニュアルどおりのパターン化された処理方法で仕事をする，という姿勢が見られた。

・上司が業務の進め方や処理方法について指示やアドバイスしても，P氏は突然激高し，大声で自らの考えの正当性を一方的に主張して反発し，自らの主張を曲げる，または，謝罪や反省の態度を示すことはなかった。

・Y大学側は，さまざまな部署に異動させて定型業務などを担当させたが，上記のような言動は続いた（その後，約20年間勤務）。

・Y大学の人事課長は，P氏には病気や障害などの本質的な要因があるのではないか，病気や障害であれば特別な配慮が必要であると考え，産業医面談を勧めたところ，P氏は受診し，産業医の指示により臨床心理士の心理検査も受けた。

・人事課長は，産業医から，臨床心理士の作成した心理検査の結果についての報告書を受け取り，「発達障害のいくつかパターンの傾向に当てはまるところもあり，社会の中でコミュニケーションを取ることは難しいが，現状の判断基準に照らすと，病気や発達障害とまではいえず，P氏のパーソナリティに起因するものである」との見解を聴取した（このとき，P氏の同意なし）。

・人事課長は，P氏に対して，「発達障害なんですよ」「検査で明らかになったように，体本来の機能が損なわれている」などと告げて退職勧奨したが，P氏は拒否した。

・Y大学は，勤務態度不良などを理由に，P氏を解雇した。

②裁判所の判断

・解雇は有効（理由：勤務態度は著しく不良，職場環境に多大な支障，何度指導されても改善せず今後も改善余地乏しい，解雇回避のための手段尽くした）。

・一方，以下の事情を踏まえて，Ｙ大学側に慰謝料30万円の支払いを命じた。

①心理検査の結果や産業医の所見は，個人の内面の心理および人格に関する情報であって，一般人の感受性を基準として，他者に知られたくない私的事柄に属するプライバシー性の強い情報であると言えるから，たとえ人事管理の一環であったとしても，本人の同意がなければその情報を取得することは許されない。

⇒Ｐ氏本人の同意なく，人事課長が産業医から医療情報を聴取したのは，プライバシー侵害で違法。

②人事課長は，Ｐ氏が発達障害ではないことを知りながら，発達障害であるかのような発言をしたことは，Ｐ氏の名誉感情を不当に害する。

③退職勧奨も，許容範囲を超えた違法な行為。

③トリ弁護士のコメント

　おそらく，人事課長は，「産業医が教えてくれたのだから問題ないだろう」と考えたと思います。しかし，個人情報保護法上，要配慮個人情報の取得には本人からの事前の同意が必要ですし[*3]，この状況では，黙示の同意があった（仮に本人に尋ねてもほぼ間違いなく同意してもらえた）とも言えないでしょう。

　事業者が従業員の医療情報を取得することについては，厚生労働省「雇用管理に関する個人情報のうち健康情報を取り扱うに当たっての留意事項」[*4]で，「事業者が，労働者から提出された診断書の内容以外の情報に

＊3　個人情報保護法20条2項。

＊4　https://www.mhlw.go.jp/file/06-Seisakujouhou-12600000-Seisakutoukatsukan/0000167762.pdf

ついて医療機関から健康情報を収集する必要がある場合，事業者から求められた情報を医療機関が提供することは，法第 23 条の第三者提供に該当するため，医療機関は労働者から同意を得る必要がある。この場合においても，事業者は，あらかじめこれらの情報を取得する目的を労働者に明らかにして承諾を得るとともに，必要に応じ，これらの情報は労働者本人から提出を受けることが望ましい」と指摘しています。

　カウンセラーの皆さんも，組織で働く皆さんも，医療情報を取得する際には細心の注意を払ってください。

おわりに

　難しい個人情報保護法の解説，いかがだったでしょうか。少しでも理解が深まっていただけましたら，著者としてとても嬉しいです。

　この対話方式による個人情報保護法の解説は，日本産業カウンセラー協会東京支部のブログに記事を書いたことがキッカケです。その後，同協会の講座にお招きいただき，事例を用いて個人情報保護法の解説を行ったところ，受講生の皆さんから「ぜひ書籍に」と声援していただいたため，出版に至りました。背中を押していただいた同協会や受講生の皆さまに感謝申し上げます。

　また，本書以前に，『Q＆Aで学ぶ　カウンセラー・研修講師が知っておきたい法律』『裁判事例で学ぶ　対人援助職が知っておきたい法律』を執筆し，いつの間にか本書で「○○で学ぶ」シリーズになりました。これからも，カウンセラー（対人援助職）の皆さんのために，法律を少しでも分かりやすく解説していきたいです。

　最後に，絵心がゼロの私に代わり素敵なイラストを提供してくださった友久美奈子さん，構成や表現について助言をいただきました誠信書房の中澤美穂さんに感謝申し上げます。

■著者紹介

鳥飼 康二（トリカイ　コウジ）

1975年生まれ。京都大学農学部卒業，同大学院農学研究科修了。日本たばこ産業株式会社勤務を経て，一橋大学法科大学院修了後，2011年より弁護士登録（東京弁護士会，中野すずらん法律事務所）。2016年産業カウンセラー資格取得（一般社団法人日本産業カウンセラー協会）。

著書：『事例で学ぶ発達障害の法律トラブルQ＆A』ぶどう社2019年，『Q&Aで学ぶカウンセラー・研修講師のための法律——著作権，契約トラブル，クレームへの対処法』誠信書房2021年，『裁判事例で学ぶ対人援助職が知っておきたい法律——弁護士にリファーした後に起きること』誠信書房2022年

対話で学ぶ対人援助職のための個人情報保護法

2023年5月25日　第1刷発行

著　　者	鳥　飼　康　二	
発 行 者	柴　田　敏　樹	
印 刷 者	藤　森　英　夫	

発行所　株式会社　**誠 信 書 房**
〒112-0012　東京都文京区大塚3-20-6
電話03（3946）5666
https://www.seishinshobo.co.jp/

印刷／製本：亜細亜印刷㈱
ISBN 978-4-414-20003-4 C2032